西安电子科技大学"小学科资助项目"

Donne's Internal Inheritance and Intellectual Thinking

多恩的内在承继与思辨书写

张 缨 ◎ 著

中国出版集团
世界图书出版公司
广州·上海·西安·北京

图书在版编目（CIP）数据

多恩的内在承继与思辨书写 / 张缨著 . — 广州：世界图书出版广东有限公司, 2014.8

ISBN 978-7-5100-8468-3

Ⅰ.①多⋯　Ⅱ.①张⋯　Ⅲ.①多恩，J.（1572～1631）—人物研究　Ⅳ.① K835.615.6

中国版本图书馆 CIP 数据核字（2014）第 191235 号

多恩的内在承继与思辨书写

策划编辑	孔令钢
责任编辑	黄　琼
出版发行	世界图书出版广东有限公司
地　　址	广州市新港西路大江冲 25 号

http:// www.gdst.com.cn

印　　刷	虎彩印艺股份有限公司
规　　格	710mm×1000mm　1/16
印　　张	10.5
字　　数	150 千
版　　次	2014 年 8 月第 1 版　2015 年 6 月第 2 次印刷
ISBN	978-7-5100-8468-3/I・0324
定　　价	32.00 元

版权所有，翻版必究

任何人的死都让我受损

因为 我是人类的一分子

不要问 丧钟为谁而鸣

它为你而鸣

——约翰·多恩

【作者摘语】

※ 《忏悔录》和《沉思录》都将痛苦看作是进深的途径,藉由痛苦,心灵得以更深入的表达,自我得以更完全的呈现。

※ 人类在孤独中的身份本来是割裂的,却因着与他人的联结得以完整。人类的缺乏也因着帮助他人而自我丰富,人类的缺憾因着对他人的境地感同身受而得以完全。幸福,不过是与他人联结的副产品。

※ 一个完美的整体是由一个个具体的有缺欠的"部分"组成,一个整体有多么完美,取决于一个个"部分"在协作时的和谐性和包容度。

※ 在多恩社会身份的构建过程中,"疾病"成为一个媒介,引导多恩的心灵发生变化,并提升他对神圣事物的敏感度。

※ 思辨,在一定程度上,是矛盾困惑之内心的外在文字表现方式。

前　言

当代国内的多恩研究呈现出异彩纷呈的局面，但针对多恩后期的作品研究成果寥寥，尤其是散文作品。《丧钟为谁而鸣：生死边缘的沉思录》（*Devotions upon Emergent Occasions*，本书中简称《沉思录》）是多恩写于病榻之上，记录与死神搏斗的真实心灵独白，也是作者视为用生命生产的孩子，是多恩创作后期的标志性作品。带着向这个世界"临别赠言"的心态，多恩完成了这部心灵独语，但又出乎意料地走出死亡的幽谷，使得这场重疾的病榻成为这个"孩子"的产床。

多恩是怎样的一个人？评论界似乎早有定论。但这是在目前对多恩的研究主要集中在诗歌方面且多以中早期作品为主的情况下做出的定论。多恩尚有众多的其他文字体裁有待探索，其中包含大量散文类文字，这些作品多创作于中晚期，其中蕴涵着多恩丰富复杂的自我意识，是我们加深对多恩研究不可或缺的语料。针对此，我们看多恩，不仅要看他曾经是怎样的人，也要看他后来成为怎样的人。从多恩的一生来看，才会对这位17世纪的玄学派翘楚有一个客观全面的评价。

本书选取了奥古斯丁的《忏悔录》作为主要的比较文本，这是因为多恩在自己的各类众多文字中多次提及奥古斯丁，并视其为自己的精神先导。据统计，仅《沉思录》中就提及奥古斯丁多达6次。足见多恩受奥古斯丁影响之深。

多恩本人，也早有"奥古斯丁第二"的美誉，《沉思录》本身即可视为多恩版的《忏悔录》，并且两部作品均带有浓厚的哲思特色。笔者旨在通过《忏悔录》的参照，以便更好认识《沉思录》在哲学以及文学阐释中的内在特点。《忏悔录》本是哲学领域经典的研究书目，与文学作品《沉思录》的比较，既给研究者以很大的探索空间，也附带着大量的挑战。

此外，本书也以《沉思录》与其他作品的比较作为补充，从中可以看到该部作品内含的巨大张力，不仅蕴含着对哲学先师的承继，也与文学后人有着内在意识与创作艺术的共通性。

对《沉思录》在学理上的细读，引发了作者对多恩研究的其他思考，针对学界对多恩改宗的流行观点，笔者写了第五章，愿意与广大学者对多恩生命中这个里程碑事件进行探讨。这也属写作过程中《沉思录》带给笔者意外的收获。

国内针对多恩后期作品尤其是其散文的研究，尚属萌芽阶段。《沉思录》无论是就创作艺术还是意识而言，都十分复杂。这本书既是笔者对自己思考的阶段性总结，也是进一步思考的基础。由于多恩作品的复杂性，笔者知识与学术积累的有限，加之教学任务繁重，书中出现众多不足之处，盼望国内专家学者不吝赐教，在此先致以深深谢意。

张　缨

2014 年 5 月 2 日于西安

目 录

第一部分　多恩与奥古斯丁的比较研究
——以《忏悔录》和《沉思录》为例

第一章　多恩："奥古斯丁第二" ……………………………………… 002

第二章　《忏悔录》与《沉思录》的内在意识 ……………………… 007
 第一节　多维的文字境域 ………………………………………… 008
 第二节　内视的自我言说 ………………………………………… 011
 第三节　"限制的"祝福 ………………………………………… 017
 第四节　部分与整体的思辨 ……………………………………… 021
 第五节　自我意识与身份建构 …………………………………… 027
 第六节　多元的生命存在意识 …………………………………… 033

第三章　内在的修辞 …………………………………………………… 038
 第一节　灵性的隐喻与类比 ……………………………………… 038
 第二节　病体的象征与反思 ……………………………………… 045
 第三节　心灵导航下的象征内涵 ………………………………… 050

第四章　心灵体验的时间 ……………………………………………… 054
 第一节　时间的共融性 …………………………………………… 054

第二节　"瞬间"的意义 ·· 056
　　第三节　时间与记忆 ·· 058
　　第四节　现世与永恒：时间的心灵存在 ························· 059

第二部分　圣洁的勇气

第五章　论多恩改宗 ·· 063
　　第一节　对"叛教说"的思考 ······································· 064
　　第二节　对"仕途说"的思考 ······································· 067
　　第三节　对"被迫说"的思考 ······································· 069

第三部分　《沉思录》与其他文本

第六章　孤岛意识与人物隐喻——与《鲁宾逊漂流记》比较 ··· 073
　　第一节　原罪与悔罪的意识 ··· 075
　　第二节　人性对神性的皈依 ··· 077
　　第三节　人物关系的隐喻 ·· 078

第七章　共有的敬虔与孤独——与狄金森诗歌的比较 ··········· 084
　　第一节　诗性的内敛与自省 ··· 085
　　第二节　心灵的敬虔与超越 ··· 088
　　第三节　孤独的限制与激扬 ··· 090
　　第四节　理性与灵性的平衡 ··· 092
　　第五节　孤独的焦虑与秩序 ··· 093

第四部分　多恩的其他研究

第八章　多恩爱情诗中的宗教蕴含 ···································· 101
　　第一节　"你中有我，我中有你"：同心合一的爱情 ······ 102
　　第二节　人性与神性的交织：爱之天性与成圣之心 ········ 104

第三节　理性思辨与深层意图：多恩诗歌中的神哲意识 ……… 107
　　第四节　自我观照与匡正：多恩创作中的思想途径 ……………… 109
第九章　多恩的新历史主义研究 …………………………………………… 112
　　第一节　起始期：历史空间中的宏大叙事主题 …………………… 113
　　第二节　发展期：神哲领域的包容与反思 ………………………… 116
　　第三节　持续期：形式的边缘性与意识的内向性 ………………… 119
第十章　Donne 的汉译及其他 ……………………………………………… 125
　　第一节　Donne 的汉译 ……………………………………………… 125
　　第二节　Devotions upon Emergent Occasions 的译名 ……………… 126
　　第三节　"神学冥想"14 首中的争战 ……………………………… 126
全书英文参考文献 …………………………………………………………… 129
附录一：《沉思录》中的人物及背景 ……………………………………… 134
附录二：《沉思录》中的典故和特殊词汇 ………………………………… 150
附录三：多恩大事年表 ……………………………………………………… 153
后　记 ………………………………………………………………………… 155

第一部分 多恩与奥古斯丁的比较研究
——以《忏悔录》和《沉思录》为例

没有谁是我们的对手

我们在和自己争战

第一章　多恩："奥古斯丁第二"

多恩与奥古斯丁的相似，不仅在于两人的人生经历，他们的内在思路、文字风格以至字里行间表现出的哲学气质和思辨意识，在文学与哲学史上，达到"奇妙的相合"：同为曾经的浪子，一个顽劣放纵，耽于情欲；一个流连戏院，频访女性。一个在花园中顿悟，从摩尼教皈依天主教；一个回应"神圣的呼召"，从天主教"移门"英国国教。同在盛年之时，一个按立为希坡城主教（42岁），将余生献给教会及反对异端的斗争；一个正式皈依英国国教（43岁），被聘为皇家教士，成为圣保罗大教堂的副主祭及牧师，从此远离属世事物，专注教会事工。一个被公认为是"惊人的才子，百世的老师"；一个被定义为"英国玄学诗鼻祖"，"在某些方面堪称世界第一的诗人"。奥古斯丁在半生沉浮之后，写出《忏悔录》[1]这一蜚声学界的世界名著，将人性向善的努力以及摆脱罪恶的挣扎坦然无惧地展示给读者；多恩在性命危殆之时，记录疾病的进程和思想的激荡，为生存的困境和困惑的意识寻求解脱的路径。在4世纪末，奥古斯丁的《忏悔录》犹如一把火炬，照亮了人性的幽暗深处，为当代也为后人做了自省内视的样板；1200年之后，多恩在教堂的钟声里写下《沉思录》[2]，以多达6次的引用向这位古圣先贤致敬……

在奥古斯丁多达九十三种著述中，用这样的话谈到《忏悔录》：

> 我的著作中，最引人乐于披阅的，莫若我的《忏悔录》。我晓得：我的《忏悔录》不单过去，就是现在，也还使许多弟兄们不忍释手。

多恩在《沉思录》开篇给查尔斯王子的献词中写道：

> 我有三个生日：一次是自然的生日，我藉此来到这个世界；一次是进入教会事奉而获新生；一次是眼下，我大病终愈，死里逃生……在我的第三个生日我自己也生而为父；而孩子，就是眼下这本书，它来自我的生命，并与我一同来到这个世界。

在《忏悔录》中，奥古斯丁通过自己的人生和思想历程，阐述了对人类天性的深刻认识，对生命、死亡、时间与空间的思考。在《沉思录》里，多恩通过自身的生命体验，深刻剖析了人类沉溺于自身之罪的强烈倾向以及灵魂与肉体争战的痛苦历程。Isaak Walton 在 1640 年完成的 *Life of Donne* 中，给了多恩"奥古斯丁第二"的美誉，认为他如奥古斯丁般"博学而圣洁"。多恩在不到 20 岁时就阅读了奥古斯丁的几乎所有作品，而多恩言辞中浓厚的思辨特色，使得这部作品更为多恩的"奥古斯丁第二"提供了充足的文字依据。在多恩从年轻走向成熟的人生历程中，奥古斯丁式的忏悔发挥了重要的作用。从某种意义而言，多恩的生活与奥古斯丁晚期的宿命神学有着密不可分的关系。事实上，奥古斯丁对多恩的影响是如此深远以至《沉思录》几乎成了另一个版本的《忏悔录》。

和同时代的 Ben Jonson 不同，多恩对出版自己的作品并无兴趣，他在有生之年出版的为数不多的作品都是在朋友的催促之下或在国王及贵族资助人的要求下出版的，其中一些还用过匿名。多恩认为将自己的作品主动提供给大众是对自己尊严的一种侵犯。但是，多恩的《沉思录》完成于 1623 年，紧接着第二年付梓成书，同年即重印一次。后来又分别于 1626、1627、1634、1638 年先后四次再版，并于 1655 年译为荷兰语，在当时产生了巨大的影响。现代的两个版本分别出自 Sparrow（1923）和 Raspa（1975）。在多恩出版的九部作品中，署名的只有七部，除《沉思录》之外，其他的都是布道文。就在最近，多恩布道文的编辑 George Potter 和 Evelyn Simpson 认为多恩对奥古斯丁的引用涉及了方方面面，在上帝的本性、宇宙的创造、人的堕落、灵魂与肉体的关系等方面，多恩与奥古斯丁达成了惊人的一致。

《忏悔录》作为多恩写《沉思录》时一个重要的潜文本，以理性和逻辑的思辨，将生活事件与自然创造人之天性有机结合起来。

奥古斯丁，不仅让罗马天主教的传统锦上添花，也为新教提供了基础，无论是对罗马天主教还是基督教新教而言都举足轻重。许多教会历史学家的研究表明，宗教改革主要是受奥古斯丁晚期作品的影响，而罗马天主教的传统则脱胎于奥古斯丁早期的观点。在罗马天主教系统，他被封为圣师，对于新教教会，特别是加尔文主义，他的理论是宗教改革的救赎和恩典思想的源头。17世纪初，奥古斯丁的神学极其流行，从多恩在《沉思录》中多次提及奥古斯丁可以看出，多恩所任职的英国国教会对奥古斯丁是接纳的。

从《沉思录》来看，奥古斯丁在几个重要概念上对多恩有明显的影响：

（1）在奥古斯丁看来，谦卑并不仅仅是一种宗教意义上的美德，它建立了一个由人类学和本体论结合而成的普遍范畴，使人们在这个范畴中自我定位。多恩接受了谦卑的概念，他避免自己因为知识膨胀而骄傲。在《沉思录》中，他痛恨自己的骄傲，将受苦与谦卑有机联系起来。由于人性中的顽固执拗，许多弱点靠自觉意识无法有效匡正，这时，苦难的意义便凸显出来：

> 用我眼下的热病，你会燃烧和融化我过去的冷漠和自私；用我眼下淋漓的汗水和排泄物，你会冷却我过去的狂热，用这些惧怕匡正我过去的自以为是和玩物不羁。
>
> （《沉思录》第六章 "祷告"）

多恩认为，人在顺境中容易骄傲，而苦难会给人带来惧怕，但惧怕与爱密不可分。惧怕和敬畏在英语中同属一词，因此，惧怕也是通向敬畏的通道。

苦难中，人性充分体现出软弱，看到自身的无能为力，在对自身绝望的基础上，谦卑的美德就产生了。

（2）奥古斯丁对人性的弱点也有深刻的认识。在他看来，人类失败的原因是过分的欲念、无节制的寻乐及不圣洁的心思意念。人类的堕落纯属咎由自取。他强调罪的自发性。他相信人的罪可以使人远离圣洁，远离上帝对人美好的本意。恶是一种缺乏善的表现。由于人难以克服自己的弱点，因此对自己的未来难以掌控。多恩也就奥古斯丁对"罪"的认识在文中做出回应：

> 进一步假设：我们的自我毁灭中有我们自觉的贡献，我们自身的意图支持我们的自我毁灭，我们所犯的错误纵容我们的自我毁灭；不同的行为导致不同的毁灭方式：暴饮暴食等不良积习导致温热，纵欲过度导致痨病，机体自然功用的倒错导致疯狂，等等，针对不同的自我破坏行为，我们会予以不同的自我谴责：我们是自己阴谋的受害者，对于我们自己的毁灭，我们不仅是被动的受害者，还是主动的凶手。
>
> （《沉思录》第十二章 "思考"）

多恩无奈地看到，大多数人最终成为自己的行刑者。他认为人类充满不幸，虽然在这个过程当中人类又是何等渴望幸福。

（3）奥古斯丁也强调恩典在人心灵之中的作用，认为人类的天性中就蕴含着冲突，人类自我本身的矛盾永远存在，并且不可调和。他否定人的自由意志和现世世界，但人性常常坠入自我选择的虚空深渊中。多恩则被视为伊丽莎白时代最深切地体会到灵魂与肉体冲突的诗人。

（4）《忏悔录》中奥古斯丁讲到自己的信仰历程时候，经历了人心痛苦的挣扎和人本理性的断裂过程。在这个皈依的过程中，奥古斯丁读柏拉图、西塞罗和摩尼教的作品，二元论成为他犯罪堕落的借口，但是又深感良知的谴责。他寻求安布罗西乌斯主教的帮助，但没有人解决他内心深处的漂泊感。关键时刻他才知道自己不想皈依，这也是人的本性，虽然他的母亲曾对他百般劝解，但依然说服不了他。因为他不愿意失去世俗的乐趣。他认识到心灵更新的重要性，审视的目光开始从身外转向身内。他使自身成为耕耘的园地，他开始探索自己，那个具有记忆的自己。

探索自己也是多恩思考的主题。在他看来，人的片段和成分实在比世界更琐碎，人的渺小几近于无。世界似乎很大，人甚为微小，但人被看作天地间了不起的造物，人本身又是一个了不起的世界，而最了不起的是人的思想，它们从东到西，从尘世到天国，并且横跨海洋陆地，飞越太阳和天宇，没有地方思想不能抵达。

内视与自省，克服与超越，是这两位文哲巨匠的心灵默契，也是《忏悔录》和《沉思录》的关键词。

参考文献

[1] 奥古斯丁. 忏悔录 [M]. 周士良，译. 北京：商务印书馆，1963.

[2] 约翰·多恩. 丧钟为谁而鸣：生死边缘的沉思录 [M]. 林和生，译. 北京：新星出版社，2009.

注：本书中所引用的《忏悔录》与《丧钟为谁而鸣：生死边缘的沉思录》中的文字均来自上述两个译本。

第二章 《忏悔录》与《沉思录》的内在意识

国内读者熟知《丧钟为谁而鸣》是美国作家海明威的名作，却甚少有人知道这一书名出自多恩的《沉思录》，可见此书对海明威的影响。《沉思录》写于1623年，其时多恩51岁，被疫病击倒，这时他成为牧师已有近9年的时间，已当了2年圣保罗大教堂的教长。

《沉思录》是英国文学史上最早的以详细病情记录为主体的散文集之一，其中涉及早期医生和病人的关系。他以病人在病痛中的经历为背景，向我们展示了文艺复兴时期的英国宗教产生的众多作用，也让我们看到这一时期清教文学依然有不可动摇的地位。

一些评论家将其看作多恩最长的自传，按照疾病的过程记叙作者在整个过程中心灵的挣扎和对人类命运的探索，以及对人生终极归宿的思考。但定义为"自传"却引起了许多的质疑。一方面，多恩在病愈之后立即出版了这部书，这部书的写作似乎是与病况同时进行的，在书中多恩所关注的不是自己的人生经历，而是身体和灵魂的关系。从另一方面而言，除去对疾病过程的详细描述，以及使用了第一人称，自传的特点并不明确。反倒是疾病本身促使了多恩对于灵魂与肉体的哲学和神学思考。从本书的篇章布局上可以看出，这是一部充满了自省意识和反思精神的散文集。

由于多恩在书中多次描述死亡，也曾经认为自己离死亡很近，这本书被看作是多恩留给这个世界的"遗言"是有道理的。多恩的思考，可视为他在离开世界之际留给后人的"属灵"财富。

在这个充满哲学思辨和忏悔意识的文本中，多恩和奥古斯丁一样，都将自我看作剖析的重心。评论家们普遍认为《沉思录》是一部极其"个人化"的作品。本书不仅是疾病的记录，也是多恩的心灵成长史。正如Gosse所说："在多恩所有的文字中，我们找不到像他在1623年冬天对疾病过程如此个人化的奇特记录。"[1] 不仅如此，它的意义更在于本书所涉及的"我"，不仅仅是一个"第一人称"，更是人类存在的象征。"《沉思录》是以自我为主体的，但这部作品的终极关注却是在更广泛的层面关注人类的景况，探索人性与神性的关系"[2]。与其说这是一部"心的倾诉"，不如说更像是"人类的代言"。它不仅是作者在与死神争战时对人生意义的深刻反思，更是人类共有命运的缩影。在我们查考多恩的晚期散文作品时，《沉思录》无疑是最合适的文字标本。

第一节　多维的文字境域

面对一位拥有深邃心智的时代翘楚，一位在社会洪流之中几经浮沉、毁誉交织的文学流派的代表，其自我意识和身份的特性在时间中的流变有着极大的复杂性，以至我们择取其人生的任意阶段都会发现界定的难度。无论是多恩，还是奥古斯丁，都带有这个特点。

综观多恩的作品，很难将他的人文身份与神学身份做清晰的区分，他的自我意识也混合着"俗"与"圣"的色彩，其作品也很难简单地归于人文类或神学类。虽然评论界对多恩的一生有着"少狎诗歌，老娶神学"的简单划分，但就其一生而言，世俗诗歌与神学诗歌的创作阶段的转换是渐进的，其中不少作品两者兼容。由于多恩的一些作品并未标明日期，使得研究者们很难认定哪些作品标志着多恩自我意识的转换。只是到了后期，神学特色更加突出。即便如此，读者也不难发现，在他许多神学文字中，不乏科学的思维和哲学的思辨。

多恩处于文艺复兴的大背景中，作品中涉及的哲学的理性和科学的思考无不打着那个时代的烙印。在《沉思录》的第一章有段文字"人是小宇宙，这个小宇宙会发生地震、电闪雷鸣、日食或月食，会有星辰焚燃或洪水泛滥，会突然间山摇地动、弧光耀眼、震耳欲聋，或者天昏地暗、灰飞烟灭、浊浪滚滚"，即来自文艺复兴时期著名的宇宙论。但是多恩却不仅仅是从科学的角度阐述，他独特的表达总是活跃在不同的"文字域"之中，或身或心，或内或外，或天或地，使他的阐述内容充满巧智的思辨，常常呈现出内容元素混杂而主题却单纯集中的矛盾，内敛与狂放融为一体，孤独的冷静与热切的盼望交相出现。Johnson 谈到玄学派诗人时说："他们从来不复制自然或生活，既不按照事物的形式来描画，也不表现智力的作用。"[3] 这就意味着以多恩为代表的玄学诗人在文字和思维都呈现出"独特性"与"个体性"。然而，如果用玄学文字的通用特征"奇思、妙喻和巧智"来描述多恩的特点，还远远不够。多恩不同的是思维的"境域"，从直观的层面而言，多恩的自我意识首先体现出一位学者的身份。他在表述自己内心时，总是习惯将自己的内心思维投射到更广阔的境域中，使得原本的思考聚焦在更大的意义层面获得认同和反响。

例如在谈论肉身与灵魂这种具有深刻哲学和神学的概念时，他先从宇宙开始：

> 诸天有恒，因为他们持续运行，始终如一。尘世无常，因为它缺乏生命力，因而总是变幻不定，离心离德……尘世是我肉身的凭据，天国是我灵魂的凭据。尘世和天国分别是肉身和灵魂的归宿。然而，肉身奔向尘世，灵魂奔向天国，两者的步履不一样。肉身不用推力朝着尘世坠落，灵魂没有帮助就无法奔向天国。升华是我灵魂的步履和方向，肉身的步履和方向是沉降……苍穹的日月星辰匆匆运行，但快不过我的肉身坠落尘世的速度。
>
> （《沉思录》第二章 "思考"）

"肉身"、"灵魂"、"天国"、"日月星辰"这样的排列组合，让看得见的身体与无形的灵魂同时出现，将终必朽坏的和永远不朽的并列，当它们与宇宙规律联系起来，人的宿命之短暂性与宇宙规律的常在性及天国的永恒性就形成了对比，也将自然科学与哲学神学融合在一起。吴笛在"自然科学的发展与玄学诗歌的生成"一文中写道："在玄学派诗歌中，宏观世界和微观世界相互交织，诗人时常将无限放大的为个人所拥有的微观世界与航海家所探索的宏观世界相提并论，从而突出人生的意义和价值的发现。"[4] 意义和价值正是多恩晚期作品的关键词。就意象而言，多恩常常显示出人文学者的特点，而他表述的思想，常常属于神哲学的范畴。

在《忏悔录》中，奥古斯丁进行思索时，将宇宙的广阔与人间的善行结合起来，在宇宙神创论的基础上，他发出这样的感慨：

> 你经常散布快乐与力量，我恳求你，请你使"真理由地上长出，正义从天下视"，使"天际出现光体"。使我们能"把我们的饼分给饥饿的人，将飘泊的穷人接引到我们家中，见赤身的给以蔽体的衣服，不要轻视和我们同类的亲人"。
>
> 如果我们土地上长出这些果实，请你重视，因为这是良好的。希望我们的光明能及时发射，希望我们所收获的行动果实能上升而获得谛观生命之道的真趣，能附丽于你的圣经之天，成为照明世界的"光体"。

（《忏悔录》卷十三第十八章）

奥古斯丁持续渴望能够区分属于理性的事物和属于感性的事物，如昼夜的不同。在他看来，上帝所造的宇宙是何等有秩序，所造的精神体也已秩然有序地安置在同一穹苍之中，照耀着大地，"分别昼夜，指定时节"。在这里，"天际出现光体"、"照明世界的'光体'"、"昼夜的不同"等一系列的词汇，显明了奥古斯丁思维的向度与多恩十分相似。奥古斯丁将人美善的行为与天际的光体并列,并将善行的效果与宇宙的精神体系有机联系起来,表明善行在本质上具有长存的天性。

在《沉思录》中,多恩主要借用外在的事物象征身体的境况,并借由自身这样独特的个体,说明外在事物与生命的内在联系。在他看来,自然界中有医治身体的道,但人们却没有遵守这个道。同时,人的许多心境都与自然相关,比如孤独的虚空就并不为自然所认可。多恩借着自然中的种种比喻,来反映自己的不同心境。自然成了他内在状况的投射,也成为他释放自己情绪的广阔园地。他将自己的文字放置于自然的不同空间之中,又在心灵之中找到回应。自然的外在空间与他的内在空间有着极大的命运通约性。由此看来,多恩文字所处的境域具有动态性的特征。这一点,也能从奥古斯丁的《忏悔录》中窥见一斑。《忏悔录》中的关键词:"天上的光明"、"黑暗的深渊"、"无定形的物质"、"各样的记忆"、"人的官能"等等,使奥古斯丁的思考向度呈现出多维衍射,与多恩不同的是,他所特别关注的,并非具体的身体状况,而是人之存在与永恒的关系。

第二节　内视的自我言说

总体而言,多恩和奥古斯丁的自我意识都带有强烈的自我否定和自我提升的特征。多恩和奥古斯丁认为,在其早期生活中的很长一个阶段,他们的"自我"都伴随着罪性的"自我中心"。奥古斯丁年少的时候,生性顽劣,逃学斗殴,结伙偷梨,做了不少他日后想起来追悔不已的事。多恩在年轻之时,也在戏院和女人间流连。在他们各自对往日进行追悔之时,又不约而同地用"自我否定"为早期的"自我"画上句号,同时在自我否定中开启了新的自我。这个新的自我伴随着"自我检视"和"自我冲突"。无论是奥古斯丁还是多恩,都体会到了针对肉体犯罪倾向的无奈。他们试图摆脱一切"罪"的欲念,但很多的时候却发现以徒劳告终。用多恩的话说,肉身不用推力就朝着尘世坠落,而灵魂没有帮助就无法奔向天国。人在这个世界上是无望的,睡眠也成了死亡的模仿。

奥古斯丁认为人的概念就必然意味着冲突，人始终处于外在和内在的争战之中。人类的自我中那种内在的挣扎常常伴随着毁灭性的冲动，又以外在的争斗表现出来。在这个过程中，人不断地摇摆不定。他在《忏悔录》卷七第一章中感叹自身的无奈，他力图把大批围绕着自己的丑恶影像从心中除去，可是随散随集，他昏昧的心不能反身看清自己。那些丑恶的影像时常诱使他的眼睛在那些形象中出入，思想也在其中活动。这种心灵的挣扎与多恩的感受如出一辙。

奥古斯丁的自我深居于意识深处，使得他成为一个具有深刻剖析意识的人。每个人都具有内在的自我，而奥古斯丁自我的内在性也多次体现在他所处的情境中，他在自我的语境中建构了"自我叙说"。从《忏悔录》中我们看到，在一个幽静的花园中他发生了信仰的转变。他的母亲——一位克己隐忍的虔诚天主教徒，为他放纵的生活曾经流了无数眼泪，也献上了无数虔诚的祈祷。他在一次疾病中这样谈到自己的母亲：

> 如果我母亲的心受此打击，这创伤将永远不会痊愈。我真是无法写出我母亲对我所抱的心情，她的精神生养我所担受的劬劳，远过于她肉体生我时顾复的勤苦。如果我在这种情况下猝然死去，必将使慈母肝肠寸断，我不知道这创伤将如何治疗。

（《忏悔录》卷五第九章）

后来，奥古斯丁摆脱摩尼教转向天主教，这成为他母亲最大的安慰。奥古斯丁一生中的许多转折都让我们看到社会语境对自我意识的影响，以及自我与文化、情感、场景之间的互动。

和奥古斯丁的自我相比，多恩的自我在痛苦的经历中得以深化。同时，他对痛苦的诠释也使个体具有了人性和神性的混合特征。由此使得自我的个体身份在价值上得以减低。这也为多恩未来将个体价值与群体结合起来的思考埋下了伏笔。

相比之下，奥古斯丁在《忏悔录》中表现的自我主要在两个空间中来回出现：在往昔回忆中的自我和当前检视下的自我。在这两种自我的比照中，奥古斯丁剖析的焦点是现时的自我，然后以这个新的自我为出发点进行哲学和神学的反思。

《忏悔录》和《沉思录》都将痛苦看作是一种进深的途径，借由痛苦，心灵得以更深入的表达，自我得以更完全的表现。《沉思录》是多恩的另一部"灵的进程"。在这个过程中，多恩由"病人"成为"哲人"，而奥古斯丁也因为曾经的病痛，推动了他从摩尼教转入天主教的脚步。在《忏悔录》卷五第九章中，奥古斯丁写到自己的热度越来越高，已经濒于死亡。这时，他本能想到自己要归于烈火当中，心中充满惧怕，他想念母亲，想念从母亲那里而来的安慰：

> 我的抱病，我母亲并没有知道，但她虽则不在，却为我祈祷；你是无所不在，不论她在哪里，你俯听她的祈祷；我虽身在罗马，你却怜悯我，恢复我身体的健康，虽则我叛逆的心依旧在痼疾之中。我处于如此严重的危险中，并不想领受"洗礼"。童年的我真的比当时的我好，我童年时曾要求热心的母亲为我举行"洗礼"，这一点上文已经回忆而忏悔过。我所度的岁月不过增加我的耻辱；你不使如此不堪的我灵与肉双双死亡，而我的狂妄反而讥笑你忠告的药石。

和多恩一样，奥古斯丁在外在事物的作用下，会自然而然地探索内在的事物的含义。在这样的一场热病之下，奥古斯丁想到死亡，想到怜悯，想到母亲。在身体的绝地，能够带给病人暖意和安慰的，是对母亲的思念，以及一切与母亲相关的信息。他在重病的时候，和多恩一样，开始思考灵魂的归宿，思考"洗礼"的问题，他开始忏悔。这个疾病事件成为他从摩尼教归向天主教的重要心灵基础。

在我们所论及的这两部作品中,奥古斯丁呈现出明显的"顿悟"特点。虽然《忏悔录》和《沉思录》在大类上都可归入祈祷文学,奥古斯丁常在一些偶发事件之后产生新的感悟,多恩更倾向于将自己的内在世界以祈祷沉思的方式写出。奥古斯丁和多恩的作品,虽然在表现方法上有所不同,但在着重挖掘心理和思维的过程以及逻辑思辨方面有着惊人的相似。他们的社会才干通过许多的活动得以操练,而他们的自我意识则建立在诸多的生活经历之上。生活中的各种超出预知和计划的事情,使他们在思考中产生灵性的顿悟。

奥古斯丁在《忏悔录》卷八第五章中认为,自己从亲身的体验中领会了所谈到的"肉体与精神相争,精神与肉体相争"的意义。惩罚跟着罪恶,这也是理所当然的,他认为自己已确切认识真理,却还和世俗牵连着,不能投向真理。他害怕消除世俗的牵累,无异于人们害怕沾惹这种牵累。

多恩也在疾患当中,一边祷告上帝让病患成为患病者舒适的教堂,一边也显示自己对肉身的犯罪之无奈:

> 我在禁食时犯罪,在遭遇困难时抱怨诉苦;我甚至在丰盛的日子里也犯罪,我坐在你的桌旁,一边领受着天国的食物和药物,一边玩忽职守,假意推诿……
>
> (《沉思录》第十五章"祷告")

应该说,多恩的自我言说是"主体性"的。在《沉思录》总共二十三章里,每一章都分为"思考"、"自我勉励"和"祷告"三部分。在"思考"和"自我勉励"中,多恩对有限生命的认知、对病况的苦恼和惧怕、对人与群体的反思等等,无不建立在自身经验的基础上。即使"祷告",也远离了常规的概念,在向上帝的倾诉之中融合着反思、自省、诘问。整个《沉思录》都是一部思辨的言说和倾诉。多恩在开篇的"思考"就体现了主体意识颇强的思辨性:

> 人的境况真是多变而悲哀!刚刚我还身强力壮,顷刻间就病痛缠身。变幻之突然,令人不堪承受;形势每况愈下,无由推诿,也无可名状。人们渴望健康,煞费苦心于食物、饮料、空气、运动;为保持健康,我们不懈努力。然而,一个突发事件令一切前功尽弃;我们惨淡经营,殚精竭虑,终归疏而有漏。疾病不期而至。一个失控的局面一瞬间征服我们,占有我们,控制我们,摧毁我们,令我们倍感沮丧。

作为病人,多恩在无奈中发出叹息,在疾病面前人是失败者,疾病的突然降临会让人的所有努力归于虚空。在突然降临的灾难面前,人的"光荣"成为虚无,疾病使人郁闭于自我,而这个自我的世界又会加速人的毁灭。在多恩看来,人拥有太多,因而站到了疾病一边,预支了疾病,悲悲戚戚担惊受怕,令病痛愈发不可救药,人啊,其实是何等的窘困不安、昏乱悲哀!

多恩文字中强烈的思辨特征与他的自我叙说结合起来,使我们看到这样一个事实:思辨,在一定程度上是矛盾困惑之内心的外在文字表现方式。思辨,在《沉思录》中,意味着内心的交战,意味着多恩与外在世界在冲突与融合过程中的矛盾表现。多恩的身体情形和内心状态借着思辨的语言特色得以准确的体现。

Seelig 认为,《沉思录》将我们的注意力不仅聚焦于多恩的身体状态,更着重描述了他的心理特征。[5] 多恩注重内在思维,他的自我意识呈现出很强的"内在性"。他不仅告诉你他在想什么,甚至将自己的思维过程也毫不保留地呈现在读者面前,这与《忏悔录》的叙述风格极其相似,同时也显示出浓郁的心理学特色。他把自己看作是精神忧郁的受害者,他对自己的健康使用了"不堪承受"、"每况愈下"、"无可名状"等词汇。多恩在《沉思录》的第六章"思考"一节中谈到恐惧时认为,负面情绪所产生的不良影响会让身体的不适复杂化,也会混到身体的不适感中,恐惧正是如此,它会让自己潜入心理的每一阵起伏;身体内部的扰动会导致虚假的症状。在压倒一切的危险中,在绝望中,恐惧会让人觉得很勇敢,其实也不过是恐惧,是盲目的乐观，是对失去这种盲目乐观的恐惧。在病榻之上，多恩力图摆脱死亡的阴影，与自己的心灵对话，直面自己内心的软弱和困惑，勇敢地面对上帝对他灵魂的检视，从中找出摆脱心理焦虑的良药。在他看来，身体的病状就是灵魂疾病的外在表现，他身不由己，闯入弥漫灵魂瘟疫的病房，身陷诱惑，无力自拔。将肉体的疾病与灵魂的疾病相提并论，是多恩疾病论的特点。他为自己的疾病祈求上帝的赦免，是因为他相信疾病与罪有关。因此他向上帝祈求医治灵魂的药物，愿意借助谦卑的忏悔，与上帝"协商"，通过不住的祷告祈求，使自己与上帝和好，走出死亡的幽谷。正因如此，我们不难理解 Roger B. Rollin 的评论："多恩的作品长期以来不仅被人们看作是作者的自我治疗，更是为读者获取神圣的快乐而提供的身体和精神健康的食粮。"[6]

作为人文学者的多恩在疾病中充满各种困惑。在这个过程中，苦难的生命经历发挥了积极的作用，使得多恩对苦难的思考带有了神性的特征。其作为个体人文学者的自我意识因为找到了更为珍贵的价值而逐渐削弱。多恩在危疾时的挣扎，在困苦时的自卑，在绝望时对自我的摒弃，以及从自身的试炼中看到人类共同需要的精神升华，都让他的苦难具有了普世意义。在《沉思录》第八章的"思考"一节，他谈到人的不幸时深深感喟"人的不幸就像海洋，海水漫过所有的小山，抵达大陆的高部，那就是人；人本身只是尘土，被泪水和成泥；泥土是人的本质，不幸是人的外形。"此段包含思辨的文字，让我们看到在自然规律和人的命运之间，人原本是多么无助，又是何等脆弱，人的本质又是何其虚空。然而，多恩不会把思考的角度停留在自身，接着他又说："然而，我又不仅仅是尘埃，我是我之精华，我之灵魂。我是上帝的呼吸，我会在呼吸间向上帝虔诚地诉说……"多恩在思考后常常为自己找到情绪释放的出路。这也许是他为什么将每一章都分作"思考—自我勉励—祷告"三部分的原因。

奥古斯丁困惑的焦点常常是对于事物的本质。他在心灵的两难之间寻找意义所在。这个意义，既包含宇宙间的普遍真理，又涉及个体生命的存在。多恩的个体在《沉思录》中具体体现为"病体"与"康复"，奥古斯丁的个体主要体现出"弃绝"与"更新"。多恩从奥古斯丁那里承继的,是不能不弃绝的弃绝,他的生命希望,就在他一次次对于病体的绝望中实现。

"自我意识"本是个主体性很强的词汇,却常常在《沉思录》中呈现出被动的色彩。作者在各种境况中挣扎,被黑暗的势力所捆绑,他的无奈、绝望,甚至疾病本身都和他隐藏在自我之后的"本我"相关。这个"本我",在以圣经为潜在文本的《沉思录》中,无疑与人的原罪和上帝的救赎相关,这同时说明了为什么多恩的"自我"始终贯穿着"自省"的特点。

在自省之时,多恩在力图寻找一种和谐,一种超脱。他可以在这个危病缠身生死未卜的自我身上,感受到来自他处的力量。他感念来自国王的关心,认为是来自上帝的希望之光,藉国王照在他身上,在他看来,这希望之光从未离开过他。在这个过程当中,作者借着对上帝的感恩,将自己由一个在病痛中受难的形象回转为一个受恩并感恩的形象。也正是这种心态,使得多恩的自我意识在死亡的阴影下具有了一种积极的稳定性,使他得以脱离自我的狭小局限,逐渐进入大我的境界。

第三节 "限制的"祝福

一种被隔离的孤独感和克服这种孤独的强烈愿望,成为多恩这个阶段的思想特征。在他看来,孤独使人无法走向团契,它剥夺患者的权力,革除他正常的生活。病痛是最大的不幸,而病痛最大的不幸是孤独。如果说能够与人相处是上帝的恩典,那么病患的孤独则使他的生活进入到一个完全被动的层面。

奥古斯丁和多恩一样,在灵与肉的交锋之下常常进入孤独的状态。这种在孤独中的静思成为他们生活的一部分。孤独的境况常与隔离、遗弃和独自一人相关。但奥古斯丁和多恩的孤独,更像是达到心灵理想状态的通道,他们分别在自己人生的特定阶段,在孤独中完善思考,不是与周围环境进行争辩或协商,乃是自己的肉身与灵魂进行思辨,最后使灵性提升,在思辨中占上风。

在社会生活中，奥古斯丁也愿意尽力为自己留出"静独"的所在。他被社会事工的众多事物所缠绕，在希坡人的要求之下，他出任那里的牧师，后来又做了主教。在此后近40年的时间里，奥古斯丁在积极服务希坡人的同时，也在不断地抽出时间进行学术思考。在他论及行动与沉思的关系时，并没有做出截然的区分。他将行动和沉思看作生活的两个方面：动态的生活与静态的生活。静态的生活回归于心灵，并在那里获得安宁，从而保证动态的生活具有积极的意义。奥古斯丁和多恩一样，都认为思维很难完全掌控自己的肉体，肉体具有天然享乐的趋向，而思维的不断提升有助于肉体成为精神的良好伴侣，从而产生善行。

"静独"是帮助奥古斯丁完成精神飞跃的契机。在《忏悔录》卷八第八章中，这样记着：

> 我们的寓所有一个小花园，屋子和花园都听凭我们使用，因为屋主并不住在那里。我内心的风暴把我卷到花园中。那里没有人来阻止我自己思想上的剧烈斗争；斗争的结局，你早已清楚，我那时并不知道。但这种神经失常有益于我；这种死亡是通向生命。那时我了解我的病根在哪里，却不知道不久就要改善。
>
> 我退到花园中，阿利比乌斯是寸步不离地跟在我后面。即使有他在身边，我依旧觉得我是孤独的。况且他看见我如此情形，能离我而去吗？我们在离开屋子最远的地方坐定下来。我的内心奔腾澎湃着愤慨的波涛……

这里记载着奥古斯丁那次人生最大转变的序幕，接着，在第十二章，也是在作者有意寻找的静独中，他完成了心灵的转变：

> 我灵魂深处，我的思想把我的全部罪状罗列于我心目之前。巨大的风暴起来了，带着倾盆的泪雨。为了使我能嚎啕大哭，便起身离开了阿利比乌斯，——我觉得我独自一人更适宜于尽情痛哭——我走向

较远的地方，避开了阿利比乌斯，不要因他在场而有所拘束。

奥古斯丁一生中最广为人知的皈依的一幕，就发生在这场短暂的静独之后。用奥古斯丁的话来说，此刻，他受到神启，他急忙回到阿利比乌斯坐的地方，拿起使徒的书信集翻开来，默默读着最先看到的一章："不可荒宴醉酒，不可好色邪荡，不可争竞嫉妒，总要披戴主耶稣基督，不要为肉体安排，去放纵私欲。"顿觉有一道恬静的光射到心中，溃散了阴霾笼罩的疑阵。

《忏悔录》得以完成，也可看作是奥古斯丁在"静独"中所结的果子。这本书最基本的修辞策略就是通过自我表述将思考者暂时搁置于人类各种割裂的关系中进行反思，不仅是花园中的顿悟可以看作是"静独"的结果，整个思考过程也都是以"静独"为预设语境的。

和奥古斯丁相比，多恩的"静独"包含了更多的苦难。其内在沉思的深度和特点即反映了多恩作为诗人的"人性"，也带有明显的"神性"。在后一点上，多恩与奥古斯丁如出一辙。奥古斯丁是具有哲学家身份的神学家，多恩是具有神学身份的文学家。

在病榻上多恩经历着激烈的心灵交战，他不仅在沉思着人类和自我、人类和他人以及人类和上帝的真实关系，而且他也在沉思着整个人类的状况，他使用第一人称的复数"我们"，虽然他所经历的事件极具"个体化"，但他对倾听对象的预设无疑是整个人类。就叙述事实而言，《沉思录》聚焦于个人事件，但作者的意图却是分析探索更广阔的人类状况，以及其中的人性与神性的关系。作者对人类在存在当中的彼此依靠的论点正是沉思的关键。

如果说奥古斯丁的孤独是"静独"，带有自我的主动选择性，多恩的孤独则显示出被动的"离独"特点。因为疾病，多恩的"被隔离"使他既承受着肉体的痛苦，又经历着精神的折磨。在《沉思录》的第五章"思考"中，多恩写道：

> 孤独剥夺患者的权利，革除他正常的生活；孤独让他与任何工作无缘，不仅疏远公共事务，也脱离劳动的喜悦……孤独让人无法做应

该做的事情,让人无法走向团契,因此促人自省。孤独是心的疾患,而传染病的最高表现正是孤独;当一个人罹患传染病,唉,他的床就比墓穴还糟糕!虽然病床和墓穴都同样意味着孤独,然而,在墓穴中我什么也不知道,但在病床上我知道自己孤独、感到自己孤独;在墓穴中我的灵魂与我的身体无关,但在病床上,我的灵魂困在我传染病的身体中。

疾病能将人带入更重的疾病,孤独也会将人带入更深的孤独。这样,原本的疾病就成为心灵的疾病。多恩更深切地感受着与他人联结的重要性。

多恩在克服这种孤独所带来的果效之一就是他的目光由"自我"转向"他我"——将他人也纳入自己的心灵关怀以内。在第七章的"思考"部分,当一开始多恩的注意力聚焦在自我时,他的文字充满焦虑和抱怨。当他转眼看到还有人受苦更甚时,他这样描述自己的感受:

> 有那么多比我们所有人病重的人,连进医院的可能都没有,也没有供他们蜷缩其中、病死其中的稻草……对于他们,一点普通的稀粥就胜过加糖的药水,胜过我们用剩的解毒剂,胜过我们厨房餐桌上补药的残渍。

这样的境况对比,是多恩在肉身受苦之后结出的怜恤的果子,经历了痛楚,就体谅了病痛中的软弱,因而生出感恩的心。这种"换位思考",为多恩后来对自我更多的摒弃埋下了意识基础。

对他人的依靠和与他人的关联是多恩为抵抗疾病寻找的出路。多恩对药品的医治并不乐观,他认为最好的解毒剂本来是要挽救生命,结果导致死亡,最好的补药结果证明是致命的毒药。对于由疾病引发的孤独,多恩更趋向超越个体的种种限制,通过联结来克服。在这个过程中,人性会体现出神性的特点。

第四节　部分与整体的思辨

与孤独密切相关的是个体与群体、部分与整体的概念。在《忏悔录》和《沉思录》中，这些概念是相辅相成的。从社会生活的角度出发，部分与整体的关系也表明了人类存在的一种特性。

当多恩将目光从自身的痛苦移开之时，就使他的视野远离自身局限和束缚，在此基础上，个人的命运才有可能与人类的命运连在一起，也才有可能对人类的命运具有代表性。《沉思录》一书恰是多恩达到这种境界的证明。在第十七章的"思考"部分他写道：

> 没有人是与世隔绝的孤岛，每个人都是大地的一部分；如果海流冲走一团泥土，大陆就失去了一块，如同失去一个海岬，如同朋友或自己失去家园：任何人的死都让我受损，因为我与人类息息相关；因此，别去打听钟声为谁鸣响，它为你鸣响。这并非自作悲苦，因为，我们对自己其实悲苦得不够，毋宁说，我们必须分担邻人的不幸。如果我们真是在自作悲苦，那也是一种可理解的贪婪，因为人生的痛苦是财富，很少人足够拥有。

这段名言，之所以广为传颂，产生共鸣，因为道出了整个人类的本质关系：联结与关怀。John Stubbs 认为 [7]，多恩在提醒人们，个人不能与群体分割，没有纯粹的孤岛生活。孤独产生的益处之一就是促使人类突破自身的有限，在与他人的关系当中建立自己。多恩濒临死亡时强烈的情感，以及他面对死亡时让自我在神性中找到安慰，这一切都在钟声的意象中得以表现。在这个过程中，多恩再次发挥出他奇思妙喻的写作特点，用"钟声"隐喻着终结，又用钟声将所有的生命联系在一起。每一次钟声敲响，都有特别的意义，都是为着某个个体，但是又会与全体产生精神意义的关联性。

多恩在病榻上所听到的钟声带来的益处，是让我们从别人的命运中反观自己。多恩谈到的钟声，更像是一个号角，将人类召集在一面共有命运的旗帜之下。正如作者在接下来的第十八章中所说，钟声响起，它表达了一种渴望。渴望更丰富更美好的生活。多恩对于人类在存在中彼此依赖的感悟，让《沉思录》表现出"公共相互性"的特征。虽然多恩的陈述极具"个体化"和"私人化"，但在人性通向神性的桥梁上，多恩找到了终极的关注焦点。在孤独的病榻上，多恩将自己与同胞联系在一起，那敲响的丧钟，告诉人们，没有一个生命的存在可以游离于他人之外。从这个角度看来，个体与个体的关系实质上就是个体与群体的关系。一个人的命运就是整个人类命运的缩影。多恩站在个体的地位书写着全体的感受。

多恩也在作品中多次以不同的方式，告诉读者关注他人会带来益处，而给他人益处也正是给自己带来益处。当一个人愿意舍弃自己而施益于人的时候，往往就伴随着幸福的产生。将自身与整体连在一起是多恩沉思的特征。在沉思之中，他将人类的身体比作家庭或国家，从而推论出帮助别人就是帮助自己。这种在人类互助关系上的辩证论，产生的根源在于多恩在疾病中对他人的疾苦感同身受的个人体验。他在第十九章的"自我勉励"中这样写道："世代居住在湖边的人，认为湖是一片海；世代居住在一片小海边的人，认为这是一片大海。同样道理，因为不知道别人的痛苦，我们视自己的痛苦为最深。"禁锢于自我的天地，不仅容易带来自我满足，同时也会滋长天性中的自我中心倾向。狭隘的境地若不通过联结，若没有突破，就会产生萎缩，思想也会逐渐枯萎。自我若不积极地走向自我超越，就容易沦落为孤芳自赏的境地。

Robert Ellrodt 认为，玄学派注重世界的独特性和自我，但是他又强调"玄学派诗人的思维有一种超越人类即时经验的自然倾向"以及"在寻求整体性的过程中有一种超越特别经历的热切状态"。[8] 从某种意义而言，多恩的疾病，是一种个体经历，他的病状，也是人类病疾的象征。也正是在这样的深思中，多恩领悟到"限制"也是一种祝福，是一种财富。

人类在孤独中的身份本来是割裂的，却因着与他人的联结得以完整，人类的缺乏也因着帮助他人而自我丰富，人类的缺憾因着对他人的境地感同身受而得以完全。幸福，不过是与他人联结的副产品。

当多恩起初将注意力集中在自身时，他的心中充满焦虑、抱怨，当他改变思考的方向，转而思想他人更为糟糕的处境时，他的文字充满了怜悯和感恩的人文情怀。多恩在思考自身的处境时，将自己与世界连在一起，即使囿于病榻之上，这种客观的隔离也使多恩在心灵深处与世界、与他人有了更多的联结。他认为一个人可以自成一体，可以是一个世界，可以把一个人扩大为他的行为和示范，也可以扩大为他之所做、所教，还可扩大为与他有关的事物。借着教堂诗班的歌颂，多恩得以进入教堂之中，加入会众，虽然他听不见布道，但随之而来的钟声就是向他讲述布道的内容。敲响的钟声也打断了人与人之间隔离的墙，多恩因为疾病与教会有了距离，正是钟声让多恩与教会，与他所属的群体重新联系起来。在这个过程中，疾病充当了联结的桥梁。

疾病的开始意味着将人类带离虚荣状态的第一阶段，医生的来临则被多恩看作是自上而来的恩典。医生，既服务于多恩，也象征了对人类的服侍。多恩在自我勉励中对自己的人性弱点显示出深度的绝望，他认为自己生病实在是罪有应得，落在医生的手中，也是一种惩罚。他认为自己疾病中的软弱，本身就是理由和动机，是为了邀请上帝的仁慈。在第二十一章的"思考"多恩对此有了更深的感悟：

> 是啊，没有医生的帮助，我无法离开病床，如果不是医生告诉我，我无法知道我还有能力离开病床。我什么也做不了，对自己也一无所知；在这个世界上，一个孤独的男人是多么渺小、多么无能？单就其自身而言，他更是多么可怜？在某些情况下，人会遇到一些特别的麻烦，其时，如果不幸更深一点，压力再大一点，人可能反而会感觉好一点，然而，人连这一点也做不到，在既有的不幸之上，他连让自己更其不幸也做不到！一个人命中注定活不下去了，因而乐于让自己遭

受更大的压力，结果却做不到！人可以独自罹罪、独自受苦，而不依靠别人；然而，人要忏悔、要被宽恕，却不可能不依靠别人。

疾病改变了多恩生活的社会性，也影响了多恩的性情。多年前那个自视其高的青年多恩如今变化为一个谦卑内敛的多恩。疾病使他体会到人的渺小，在这不幸之中，人只能接受，只能忍耐，因为人什么也做不了。疾病使多恩学会顺服，顺服命运，在他彻底认识到自己的无奈时，他想到"忏悔"和"宽恕"，却发现比接受疾病的现状，忍耐命运的安排更为艰难。因为，这意味着他需要别人的帮助。

奥古斯丁的部分与整体的概念是建立在神创论的基础上。奥古斯丁将宇宙的起源和他的神学立场结合起来，使读者在这一宏大思想体系内来观察宇宙在发展过程中所产生的作用。

奥古斯丁常将整体与上帝联系起来，认为离开上帝的事物都在"与日递减"，万物相互依存，互为整体，没有什么是可以孤立存在的，按照基督教神学，"诸天借耶和华的命而造，万象借他口中的气而成。""因为他说有，就有；命立，就立。"（诗篇：33：6；9）而且上帝的话"无一缺少，无一没有伴偶"（以赛亚书：34：16）。

在《忏悔录》卷七第十三章的开篇，奥古斯丁写道：

> 对于你天父，绝对谈不到恶；不仅对于你，对于你所创造的万物也如此，因为在你所造的万有之外，没有一物能侵犯、破坏你所定的秩序。只是万物各部分之间，有的彼此不相协调，使人认为不好，可是这些部分与另一些部分相协，便就是好，而部分本身也并无不好。况且一切不相协调的部分则与负载万物的地相配合，而地又和上面风云来去的青天相配合。

奥古斯丁的观点实在显示出辨证的特点。他感悟到，造物主所创的一切都是尽善尽美的。在人的眼中，部分可能意味着不完全，但部分与部分的协助，就会产生完全；而一部分的不完全，就会使之产生与另一部分协作的需要和愿望，不完全的产生正是为了完全的目的。这样，不完全的部分本身没有什么不好，不好的是抱残守缺的孤立的"部分"。如果我们联想到人，如果承认没有人是完美的，这就意味着我们承认应该与他人联结、协作，不论这种协作的方式是在物质还是精神层面，是在具体可见可知可感悟的领域，还是在灵性的世界，"部分"都需要更大的空间来突破自己的局限。一个完美的整体是由一个个具体的有缺欠的"部分"组成，一个整体有多么完美，取决于一个个"部分"在协作时的和谐性和包容性。

作为奥古斯丁宇宙观的潜文本圣经中"创世记"第一章，描写上帝创造天地万物时，是由一部分一部分开始的，上帝每完成一部分，就看作甚好。这其实也在暗示我们"部分"的另一个属性：从本质上而言，部分也是完美的。宇宙的大版图，每个部分只是一帧，但这一帧，若有缺损，整体就不圆满。因此，我们可以进一步思考，每一个部分或许在人的眼中不够完全（指不能实现所有的功能），但对于它自身的功能而言，是美好无比的。这样的部分与整体的关系让我们联想到对"部分"的尊重，对于生命整体而言，指对生命个体的重视。

奥古斯丁看到了宇宙间部分与整体的辩证，而生活在文艺复兴期间的多恩对于大宇宙与人的小宇宙的关系有更深刻的认识，在《沉思录》第四章的"思考"中，多恩认为人与宇宙与自然的交流实在是个奥秘。他作为思想的创造者，本身卧病在床，因禁于封闭的牢狱，然而，所创造的思想却能自由翱翔，可随意与太阳为伍、超越太阳、取代太阳，或在思想实验中改变太阳运行的速度和节奏。人的小宇宙在与宇宙的交流中，竟然拥有如此主动权，可以如此积极，如此活跃，多恩对人的存在更多了一层敬畏。

奥古斯丁关注于宇宙与上帝的关系，而困于病榻上的多恩却对人与世界的关系感受其深，就在《沉思录》第四章，多恩还写道：

> 如果人身上所有血管延伸成江河、筋腱扩展成矿脉、肌肉堆积成丘、骨骼垒砌如石料，剩下的成分也汇聚成世上的对应物，那么，地

球表面就无法容纳人这样的尤物，人就只好像恒星，存身广阔的天宇；整个世界什么也不是，对于世界，人给不出任何回答，人拥有的众多碎片也是这种情况，在整个世界找不到对应。

由此可见，多恩通过自己习惯的奇思妙喻将人的位置定位于天宇之间，是因为他在与死神的搏斗过程中对人性有了更深层的认识。如果说此前他对人的肉身深感失望，此刻却从另一角度认识到人的本质或说人之被造的本色与世界的不匹配。和人的本质相比，物质的世界什么也不是。在多恩看来，人被看作是世间了不起的被造物，人类的思考常常围绕着自身，人本身也会造物，人的造物就是自己的思想。肉身虽受空间的限制，思想却可以飞跃天宇，抵达一切。多恩此刻也从一个宏阔深远的视角看待人，将人纳入恒久的稳定之中。这一点，或许是多恩思想的原创产物，或许是受到奥古斯丁宇宙论的影响。

奥古斯丁在谈到整体概念的时候，也是从宏大的宇宙视角来建立整体性。这与奥古斯丁的神哲自然观相关。奥古斯丁认为上帝充塞一切，却不被任何东西所包容。在《忏悔录》卷一第三章他写道："一只瓶充满了你，并没有把你固定下来，瓶即使破碎，你并不散溢。你倾注在我们身内，但并不下坠，反而支撑我们；你并不涣散，反而收敛我们。"他愿意把整体的概念归结于上帝，因为当上帝充满一切之时，并不一定意味着上帝的全体充塞了一切，而且世上的一切也无法包容上帝的一切。他又思考，或许不论上帝在哪里，便整个在哪里，而别无一物能占有他的全体。因此，在奥古斯丁的自然观中，部分与整体只能是个相对的概念。运用到实际部分中，即整体就是部分，部分也体味着整体。

多恩在反复的思考之后，将人定位于奥古斯丁的宇宙整体性中，在那里为人找到对应。这既是对奥古斯丁整体论的应用，又是发展。

第五节　自我意识与身份建构

　　自我对于身份的认知，实际是一个美学和哲学的概念。与环境带给人的客观身份不同，个体对于身份的认知，具有相当的主体性。自我本身就带有反身思考的特性，对自我身份的定位实际上体现了人将自身看作关注的本体而产生的思想。由于"自我"本身可视作多重的概念，自我具有多变性，与自我相关的意识、身份都是动态的、多面的。

　　痛苦作为一种心灵现象可以削弱人的主体性，使其逐渐脱离群体。而在奥古斯丁的作品中，痛苦成为构成身份的一个元素。本文所谈的身份，除了职业、在家庭中的角色等外在身份外，主要是指内在身份，即思考者在思维活动中为自己找到的对应身份。

　　在《忏悔录》中，主要人物的身份和财产有一定的联系，奥古斯丁也将自己的财产看作是世俗生活的一部分，在现实的生活中，他力图将俗的和圣的分割开来，以使他在宗教中的身份更加明确。努力抛弃"旧我"，靠着恩典建立"新我"，是奥古斯丁身份变化的途径。在奥古斯丁的生活中，世俗的包袱紧压着他。一边他觉得自己应该追求真理之光，另一方面又被自己的私欲所缠绕。虽然他的心渴慕真理，并且也深被真理驯服，但他和多恩一样，也常常胜不过自己的肉体：

> 　　真理已经征服了我，我却没有话回答，只吞吞吐吐、懒洋洋地说："立刻来了！""真的，立刻来了！""让我等一会儿。"但是"立刻"，并没有时刻；"一会儿"却长长地拖延下去。
>
> 　　　　　　　　　　　　　　　　　　　　（《忏悔录》卷八第五章）

　　肉体的私欲与心灵争战，使奥古斯丁不能去做愿意做的事情。人天性中的怠惰，始终是人难以克服的人性痼疾。这里，可以看到奥古斯丁想抛弃旧我建立新我的努力常常失败。过去的不肯离开他，而建立新我的欲望又在激励他，这种心灵的争战正是呼应了圣经中保罗在"罗马书"中所说，想行的善行不出来，不想做的恶却不停在做，这种灵性的挣扎真是苦啊，然而，却又正是人性存在的现实境况。

奥古斯丁的"自我"，从本质上而言，是极其简单的。他有两个"自我"：一个是已经被他弃绝却会时而搅扰他的原来的"自我"；一个是他正在逐步建立的新的"自我"，在这个新的"自我"中，奥古斯丁寄存了一切美好的希望。他希望自己扎根于真理的根基上，使这个新的"自我"具有稳定的特征，不会在自我意识中迷失。为了这个新的"自我"，他努力使自己的意识向"神启"靠拢。奥古斯丁的自我和身份的关系具有相互作用的两面性。奥古斯丁和多恩的自我既有历史的特点，也有"现时"的特点。历史中的自我常常成为"新我"的背景。

奥古斯丁的自我意识在生活的经历中转换，随即带来了身份的转化。多恩一生都在寻找自己的身份，他的《沉思录》常将读者带入跌宕的命运河流，带入冲突、矛盾之中。这使得他的身份带有相当程度的不确定性。

在《沉思录》第一章的"自我勉励"中，多恩认为自己的个体身份从本质而言是泥土，人出自泥土也将归回泥土。但多恩又不是普通意义的泥土，他自比是圣灵殿堂的尘埃，来自珍贵莫名的大理石。然而，上帝把他悬置于天国与尘世之间，他无法存身天国，因为肉身的拖累；也不完全属于尘世，因为属天的灵魂的内在作用。可见，多恩在这个世界的位置多么的不确定。

在这里，多恩的矛盾心情一览无余。他既感恩上帝的创造，感恩自己的卑贱能够在上帝的手中变成尊贵，但又深觉自己的渺小，心中充满了不安全的元素。即使他拥有和上帝的稳定关系，他的心灵常态由于他的性情也是不稳定的。由于他具有天生的怀疑气质，一种怀疑主义的思辨始终贯穿在他的思索过程。在第二十二章的"思考"中，他觉得人就像一座破败的农庄，摇摇欲坠的一幢房屋，地面处处荒草丛生，浑身上下为病痛所苦；荒草吞噬了所有草坪，而且淹过所有的石头；每条肌肉、每根骨头都惶惶不安，他感到害怕，并为那样的痛楚及恐惧感到羞耻。对这样的肉身存在，多恩倍觉人力的有限，但他依然认为人对自身有自我管理的本分：

> 当我接手我自身这座农庄，我也就接手了特殊的任务；我要做的是排空一道壕，而不是弄干一块湿地，壕中不是掺杂在泥土中的水，而整个是水，让人不舒服；同理，我相当于接手这样的任务：让一堆粪肥变得芬芳，而整个一堆粪肥都在散发臭气，不可能有局部的例外；或者说我接手了这样的任务：让一件在根本上（而非仅仅在酷热或剧冷等特定条件下）有毒的事物变得有益于健康。

多恩对自身农庄的修复是颇费心力的。他需要遏制疾病，并要治愈疾病，然而疾病的治愈，却要依靠更伟大的医生。那么，他还能做什么呢？疾病作为一种苦难，给多恩带来的除了思索，就是安静。

极端的苦难常常会使受难者的主体性丧失并极大削弱他与群体的交际关系，而对于囿于病床的多恩而言，痛苦成为他完成交际的工具。这种内在的心灵交际，使他与圣经中的诸多人物产生了灵魂的共通性。他们各自的身份特征不同程度地折射到多恩的身上，我们发现，因着身体的病痛产生的诸多软弱，随着生活情境的不断变化，使得多恩的内在身份也在随之发生改变。

因着自己的重疾，他联想到圣经中的希西家王和米利暗。他们虽然分别具有国王和先知的身份，却蒙了上帝不同的医治。因着希西家平素的敬虔，他在上帝面前的眼泪得蒙纪念。上帝增添了他15年的寿数。米利暗，因对摩西娶了古实女子大发怨言，因着自己的僭越的罪，患了大麻风，在营外被关锁七天。多恩通过反观希西家王和米利暗的境遇，先将自己从"病人"的身份转换为"罪人"的身份，继而他祈求恩典，盼望上帝在他的疾病中赐他扶助的手，让他拥有灵魂的健康。他也将自己比作以利亚，盼望自己能像圣经中这位旧约中著名的先知一样，拥有勇气智慧和超越凡俗的圣洁，不尝死味就能直升天国。病痛带来的与群体的隔绝，更大提升了多恩的心灵空间，他盼望上帝用火马车将他与人隔开，犹如曾经发生在以利亚身上的神奇事件一般。

他盼望在疾病的磨难中能够超越，获得圣徒的身份。然而，在疾病的捆绑下，他又不由得发出无奈的叹息。他甚至想到拉撒路，那个已经死去三天又被耶稣复活的人，盼望自己在看似必死的阴影下因着上帝怜悯的医治超越死亡。在第十四章的"自我勉励"部分，他祈求上帝，让自己能像雅各，虽然在与天使摔跤时被扭了腿，但凭着他圣洁的勇气和勇敢，抓住上帝的祝福。多恩此时在用雅各隐喻自己，他虽然经过许多黑暗的通道和滑溜的阶梯，但也有足够的光明，照亮他走完生命的全程。

在种种焦虑中，多恩产生了对于自己身份的不确定性。在与疾病的抗争中，多恩想起约伯，这个地上完全正直的人，因着敬畏上帝深受撒旦的嫉妒，突然而来的灾难几乎夺走约伯的一切，但约伯却始终敬虔，并不以口犯罪。多恩认为那困扰约伯的一切，都出自撒旦的黑暗势力，以约伯的经历一看，他确信，他不会落入黑暗之王的手，圣经中的约伯是上帝荣耀的器皿，在潜意识中，多恩把自己看作另一个约伯，为上帝的荣耀受苦。他也将自己比作大卫王，在各样的险境之中，坚心忍耐，心存盼望，希望能如大卫王那样明白上帝慈爱的长阔高深，也被上帝看作合他心意的人。他还将自己比作摩西和挪亚，感慨上帝在大洪水之前给了挪亚120年的时间准备，也给了摩西那个时代的人40年的时间宽容他们，而他的时日却有即将结束的可能。他盼望自己能够多得宽容忍耐的恩典。他更将自己比作吮奶的孩子，无法咀嚼；爬行的孩子，无法行走。在那张病床上，他是柔弱又桀骜不驯的小孩子，连坐都坐不稳，却不愿意上床。多恩不知道自己是谁，他的身份在特别的时间段，与他心灵的交际对象相对应，那些人物的身上，投射着多恩自己在那个特别时刻的形象，代表着多恩在心灵的各种境况为自己寻找的象征性的身份。这些不同的身份，在不同的方面推进并提升了多恩自我意识的进展。在病榻的束缚中，多恩用心灵与这些古圣先贤对话；在自身命运与他们的交集中，经历着旧我的死亡以及在上帝恩典之下的复生，继而让自己的心灵在这恒久的恩典中得以安息。

Michael Schoenfeldt 指出："自我所表现出的哲学概念，无论对于我们还是对文艺复兴而言，都是我们物质的身体和非物质的灵性交流的方式。"[9]

多恩在各种身份中漂移的过程，实际上是其自我意识中灵与肉交战的过程。Blaine 认为，灵魂和肉体的关系对于多恩而言始终是复杂的事情。[10] 在整个职业生涯中，多恩都对此处于一种矛盾的情绪当中。最终，经过数年在这个问题上的挣扎，多恩在教会中确定了对这个问题的答案。多恩认为灵魂依存于肉体得以完善，肉体的存在也可以验证精神的或是灵性生活的真实性。在笔者看来，这个问题在《沉思录》结束时也依然悬而未决。虽然此时距多恩接受圣公会牧师职位已有 8 年之久，被任命为圣保罗大教堂的教长也已 2 年有余。在该书的最后，多恩对于未来，尚有诸多的不确信甚至恐惧。认为自己存身的这个世界，处处是岩石与沙砾，自己的航船也有可怕的漏洞，威胁着他的安全。Robert Jungman 认为，这部作品涉及两个方面，它既是将多恩本人作为研究对象的思考，同时又是对于整个人类存在的不安全性的观照。[11]

通过对自我的挖掘将内心的潜在意识显现出来，多恩在反复思考着苦难对"自我"的改变产生的效应。总体看来，多恩的自我意识分为三个阶段：自我中心、自我否定和自我超越。这也可以说整部作品都是多恩意识的写照。在这个过程中，自我意识伴随着自我否定以及对自我提升的渴望，使得多恩由一位对未来无望的垂危病人成为一位有着坚强意志力的充满盼望的圣徒，正是在生死时刻，多恩从自我进入到超我，进而到无我，他用自己内心的苦难经历呈现出了自我意识的嬗变。多恩在痛苦时自我意识的检视也使我们对苦难的特性重新进行审视，在自我与外在群体的作用下，用反思的视角看待苦难的作用。

多恩的身份，在一定程度上，与他的社会身份是隔离的，他的个人性的"自我"与社会性的"自我"常处于矛盾冲突之中。在阅读多恩的作品时，也特别需要关注他的个体自我与社会自我的联系。在社会身份的构建过程中，"疾病"成为一个媒介，引导多恩的心灵发生变化，并提升他对神圣事物的敏感度。在痛苦和绝望之时，多恩对自我的放弃，在心灵内力的作用下，进入到无我的境地。多恩在特别的环境下揭示了一个"新的多恩"，他在疾病时的心灵独语不仅更新了自己的心灵，也在分享时完成了医治的过程。读者可以清楚感受到他患病时心理不断产生的力量。他在关键时刻通过沉思将事件向前推进，每一个情节都成为情感的载体。多恩透过物质层面，超越了现时的时间，在未来的希望中寻找安慰的疾患哲学，随着多恩现实经验的不断深入，他对人的脆弱性的认知更为深刻，他在文本中所表现的自我超越的能力也随着事件的进展得以体现。

《忏悔录》和《沉思录》的完整性，由两位作者的生活经历和由此而生的独特沉思构成，他们的意识经验以及思维过程将生活的经历提炼为心灵成长的养分。虽然有些思维还有"碎片性"的特征，但在螺旋形态的意识流中，依然是高度结构化的。身份的变化既是意识的问题，同时也揭示了社会语境的变化。无论是奥古斯丁，还是多恩，都无法固守自己的身份，这本身说明了身份具有动态的特征，多重身份可以同时出现在一个人的某一个特定时期，身份越多，动态性越强，说明了身份持有者的生活复杂性和意识丰富性。

身份也可分作外在身份和内在身份。如果我们把一个人的职业看作是外在身份，它就具有稳定性；如果我们将思维中的联想看作是内在身份的产生之地，内在身份就具有很大的动态性。比如多恩在病榻上想起约伯，又想起大卫王，约伯和大卫王的身份很不相同，所表达的含义也不一样，但在多恩的身上却获得了和谐相融。有时外在身份和内在身份是统一的，有时则大相径庭。多恩外在可能是个病人，内在却把自己看作不会行走的孩子，看作米利暗，看作拉撒路。许多的内在身份可以同时置于一个外在身份上，身份的多重性就产生了。外在身份和内在身份都可以具有多重的特征。奥古斯丁既是哲学家，又是神学家，同时是母亲的儿子，上帝的子民。多恩既是诗人，又是教长，同时是七个孩子的父亲，安妮·莫尔的丈夫。多重身份的问题是个复杂的社会意识问题，也是个哲学心理学问题。

第六节　多元的生命存在意识

早期的新教文化对于疾病的理解有医学和灵性两个层面。新教徒们常常会将疾病理解为上帝的造访，正如圣经中所记载的，彼得的岳母患热病的时候，耶稣医治了她。疾病带有上帝要让新教徒们学到的功课，这使得许多新教徒倾向于在疾病中寻求着灵魂医治的益处，并且在一定的程度上并不依靠肉体。《沉思录》写的是疾病，但作者使用的双轨思维让读者常常能跳出疾病事件，而随同作者一同沉浸于对生命的感悟之中。这也是多恩的思考常常在人性和神性之间徘徊的一个原因。他在该书一开始的"思考"中写道，在疾病到来之前，我们就因为担惊受怕而倍受摧残，我们的毁灭死于这些最初的异动。身体的疾病所对应的正是灵魂的疾病。就多恩看来，人体的机能是如此复杂，一点微小的异动就会引起躯体巨大的变化，正是这些变化让人囿于自我的世界中，人拥有太多，就预支了疾病。身体，既是疾病的肇事者又是受害者，在这个过程当中，人显示出困窘的不安和莫名的昏乱。

在第三章的"自我勉励"中，多恩难以摆脱惧怕的情绪，他希望自己的疾病是来自上帝的惩戒，而非弃绝。绝望之下，他甚至将自己的疾病与耶稣在十字架上的钉死相关联，以此祈求在患难后得到平安的结局：

> 你让我忧患深重，就像你让哈巴谷关切社会，就这样带领我往前走；你用火马车把我和会众隔开，就像你用火马车把以利亚和信徒隔开，就这样带领我往前走；然而，你带我走你自己私密的路，就像你带你儿子走这条路，他最初被抛在地上，凭着祷告，上升，他把自己被钉十字架叫做上升；他最初下达地狱，然后上升。

多恩想象自己的死如同耶稣在十字架上，这样他经过死亡之后，还有三日后复活的盼望。然而，多恩毕竟还是多恩，紧接着在下文，他就提及自己疲惫不堪的状态，他看自己比床更低，直到躺在墓穴里，回归泥土。

病患，可以带来对社会的关注，多恩在病榻上也在关切社会；病患，可以将病人与群体隔绝，却让多恩更加思考与群体的关系。在危疾之中，多恩似乎已经放弃生的希望，唯一的盼望是死而复生。多恩陷入不幸和悲哀之时，他对未来充满恐惧。这时，他想到奥古斯丁。他在第十八章的"思考"中提及奥古斯丁曾专门委派快递信差向圣希罗姆（Saint Hierome）咨询与灵魂相关的某些事项，为自己离开这个世界做心理准备。

在这不幸之中，他再次思考幸福的含义，认为人的一生与不幸捆绑甚紧：

> 人的不幸（不幸来自人，来自人自己；就幸福而言，哪怕就世俗的幸福，人是佃户，就不幸而言，人却是天生的财主；就不幸而言，人是农民，为幸福而辛劳，渴望幸福的收成，就不幸而言，人却是大地主、大业主），唉，人的不幸就像海洋，海水漫过所有的小山，抵达大陆的高部，那就是人；人本只是尘土，被泪水和成泥；泥土是人的本质，不幸是人的外形。
>
> （《沉思录》第八章"思考"）

人人都在追求幸福，但幸福却很少满足与人，在第十三章中，多恩继续思考幸福，认为人的一生，痛饮不幸，对幸福却只能浅尝辄止，人收获满仓的不幸，却只能捡拾幸福的残穗；人终生在不幸中旅行，却只能在幸福中偶尔散散步。任何人都把不幸叫作不幸，但幸福的称谓却因人而异。

多恩对于幸福的解读正反映出人之存在的根本需求。对于此时的多恩，幸福是何等抽象的概念，而不幸又是何等具体！作为多恩灵程伙伴的奥古斯丁，显然早在1 200年前就为多恩预备了特别的答案。

奥古斯丁认为，从自然秩序的角度看，人对幸福的渴望是其自然本性的一种特征，这种渴望本然地内在于人。也就是说，寻求幸福的渴望属于人的本体结构，这不是一个意志选择的问题。这种渴望在被造之初就放在人的本性中。但是，在实际的生存中，人选择什么对象来满足自己的幸福却是一个问题。

每个人都渴望生活得幸福，但在奥古斯丁看来，幸福既不属于那些不能拥有他们所爱（无论是什么）的；也不属于那些拥有他们的所爱，但所爱的东西却是有害的；也不属于那些拥有完美的东西，但却不爱他们所拥有的。只有当人既爱最值得爱的东西，即"首要的善"或"至善"，又拥有它时，人才能真正获得幸福。

多恩的生命意识在疾病期间是动态的，他将不同时期的病状与人类的存在联系在一起。在多恩的"思考"部分，他将疾病的突然来袭与人类的悲惨境况进行类比，常常用充满激情的感叹结束自己的沉思：

> 医生们望诊、听诊，用这种方式羁押我，搜集呈堂证供；我在解剖学上四分五裂、暴露无遗，任医生们观察检查。哦，破败和毁灭，是多么复杂的事情，千丝万缕、头晕目眩，又是多么迷乱纷繁！
>
> （《沉思录》第九章"思考"）

不仅如此，患难中的多恩自觉无力与疾病抗争，在他看来，疾病仿佛偷袭的军队，在他不知情的情况下蔓延，医生们无由观察，疾病强大到一定程度，甚至在他的体内建立了一座王朝、一个帝国，并拥有秘密权力和国家机密，据此行使统治，而且不必公开进行。这种由疾病所衍生出的社会意识带有权利、群体和政治的特点。尽管多恩的政治观点在成年阶段不断发生变化，但他对和平的努力始终如一。

对于多恩而言，国王的权利就是为了建立和平、社会和宗教的秩序。在疾病的过程中，多恩思考着身体的秩序。他在第十一章的"思考"中，将心脏比作国王，认为别的器官都是臣属，必须服从上级领导。任何人必须服从统治者的规矩，任何器官必须服从心的规矩，在多恩看来，只要心还正常，脑和肝就有可能自我维系。顺从秩序、服从上级是保持联结和整体和谐的必要条件。他深刻地认识到其中蕴含的道理：我们可能看上去好像是在为了别人而努力，其实首先考虑的是自己，所有这些上下级之间、相互之间的帮助，本质上都是表面为别人，其实为自己。国王们就常常为此付出痛苦的代价：某些时候，国王们需要法律的权力得到服从，表面看来，服从者似乎自觉服从法律的权力，但事实上，服从者不过是在服从自己。这种服从的辩证思维与多恩的神学思想有一定的关系。无论是多恩还是奥古斯丁，都认同臣民对于皇权的服从意识。认为那些赏善惩恶的臣宰带着上帝的权柄，是为了让作恶的害怕，而不是让行善的畏惧。

但多恩同时认为人毕竟是人，具有与生俱来的有限性。但谦卑的品格却能使人远离歧路，对事物做出明智的判断。对于人而言，多恩更看重理性和安静。在第九章的"思考"中，他认为人的傲慢以及由此产生的管制可以带来动荡不安。从疾病产生的过程可以看出这一点，一切的动荡不安不过是症状，不过是疾病主体的表面现象。只不过，这一症状发展得如此严重，以至没有协商的余地。如果还存在着协商的余地，那么，事情一定没有发展到不可救药的地步。双方坐下来协商，提出各自的观点，写下各自的意见，一切就顺理成章，迎刃而解。

多恩将人类混乱的状况用高度结构化的文学方式表现出来。他作为人类命运的缩影，深刻地表达出人类面对死亡的共性。虽然他的时代距今已有400多年，却依然对当今有重要的意义。正如Achsah Guibbory所言："多恩是在一个宗教和政治冲突的时代，在新的科技迅速发展的世界中，寻找一种稳定、完善和永久。"[12]多恩在这个冲突的过程中，与奥古斯丁的心灵交流，建立在两人共有的内在意识上。多恩的奇思妙喻回应着奥古斯丁的智慧思辨，多恩对自我的弃绝对应着奥古斯丁深厚的忏悔意识。奥古斯丁建立了多恩后来信奉的新教恩典论的基础，他深度的自我剖析对于多恩后来成为沉思内敛的诗哲多恩有着不可估量的影响。

参考文献：

[1] Gosse, "The Life and Letters of John Donne, Dean of St. Paul's", Vol.2 (1899; Gloucester, MA: Peter Smith, 1959), P186.

[2] Achsah Guibbory, *The Cambridge Companion to John Donne*, Helen

Wilcox, 2006, P159.

[3] Johnson Samuel, *The lives of the English Poets: A Selection*, Ed. John Wain, London: Dent, 1975, P11.

[4] 吴笛. 自然科学的发展与玄学诗歌的生成 [J]. 外国文学研究, 2011.5.

[5] Sharon Cadman Seelig, "In Sickness and in Health: Donne's Devotions upon Emergent Occasions", in *The John Donne Journal* 8，1989, P104.

[6] Roger B. Rollin, "John Donne's Holy Sonnets—The Sequel: Devotions upon Emergent Occations", in *The John Donne Journal* 13，1994, P51.

[7] John Stubbs, *Donne, The Reformed Soul*, penguin; Reprint edition, 2007, P403.

[8] Ellrodt Robert, *Seven Metaphysical Poets: A Structural Study of the Unchanging Self*, Oxford: Oxford University Press, 2000.

[9] Michael Schoenfeldt，*Bodies and Selves in Early Modern England*, Cambridge University Press, 1999，P8.

[10] Greteman Blaine, "All this seed pearl: John Donne and Bodily Presence", in *College Literature* 37.3 (Summer 2010), P26.

[11] Robert Jungman, "Mining for Augustinian Gold in John Donne's Meditation 17", ANQ. 20.2 (Spring 2007).

[12] Achsah Guibbory, *The Cambridge Companion to John Donne*, Preface, 2006, ix.

注：本书中的圣经引用章节均出自圣经 (中文和合本)，南京：中国基督教协会，1998。

第三章　内在的修辞

修辞，既是语言学范畴的问题，也是一个哲学问题。从表面看来，是写作风格的问题，实际上，一种风格或架构本身就是意义的表现。修辞本身，就是外在与内在的结合。对于《忏悔录》和《沉思录》这样的文本而言，内在更甚于外在，甚至一些表面看起来的外在结构，都有深刻的文化背景和内在含义。

《忏悔录》和《沉思录》这两个文本，前者是一长篇的诗意祈祷文，里面不乏哲学思辨；后者包含祈祷，但穿插着作者的反思自省。两部作品均属十分个人化的灵修作品，均使用第一人称，选取了同一心灵倾诉对象——上帝。因为这一特殊听众，决定了这两部作品中求问、沉思和吁求的写作特色。

在多恩引用的奥古斯丁的作品中，《忏悔录》占据了中心地位。《忏悔录》中的隐喻和象征，也同样在多恩的作品中充分得体现出来。这一点在多恩"思考"的章节中体现尤为明显。奥古斯丁的哲思式风格，也成为多恩的主要语言特色。

第一节　灵性的隐喻与类比

多恩作品中的奇思妙喻、悖论、双关语和其他形式的修辞方式，一直是多恩文体的鲜明特点，尤为突出的是多恩文本中的"巧智"。因为玄学派诗人都是学者,他们的"才趣"在诗歌中的表现是把截然不同的意象结合在一起,从外表绝不相似的事物中发现隐藏着的相似点,所使用的"奇思妙喻"带有极其浓厚的"巧智"特点,而多恩的遣词更体现出"个体化"的特征。由于多恩思维的复杂性,他将人生的各样经验诗意地体现出来,以充满想象的戏剧化修辞手段,时而显露哲学思辨的严谨,时而又呈现出日常口语的流畅活泼。例如在《沉思录》中,他将"身体"比作"房子",每个器官比作"房间",将自己的心比作上帝亲自选定的处所,他没有用热烈的词汇表达自己对上帝的感情,却将身体中最重要的部分奉献给上帝为居所。平淡冷静的语言却显示出坚定的意念。

多恩也在这部作品中运用了许多类比:

> 如果施肥不足,有些树就不结果子;人也类似,如果没有充分的熏陶,有些人就不结公义的果子。有些树需要善加照看、灌溉、管理;有些人,如果不作强求,就不会有造化。有些树需要修叶和剪枝;有些人,如果不首先接受使命的考验,就不会形成正义感。有些树需要充分的阳光;有些人没有法庭的仲裁就不会开口说话。

(《沉思录》第十九章"思考")

这个类比,表面上看起来是将树与人对比,实际上讲的却是灵性成长的问题,不同的人应该用不同的方法来对待,才能达到良好的效果。同时隐喻了圣经中的一段话:"我是真葡萄树,我父是栽培的人。凡属我不结果子的枝子,他就剪去;凡结果子的,他就修理干净,使枝子结果子更多。"(约翰福音:15:1-2)类比与隐喻结合起来,显性的类比与隐形的隐喻,一明一暗,张弛有度,给读者增加了想象的空间,激发进一步探索的欲望。

再看一个类比的例子:

> 冷空气并不必然引起受潮,发抖也不必然引起昏迷。同样,恐惧并不必然意味着恐惧之物,退行并不必然意味着放弃,围绕问题的争

论也并不必然意味着问题的解决，应该实现的愿望没有实现，并不必然意味着沮丧、气馁。

医生的恐惧并未让他无法行医，同样，我的恐惧也未让我不信上帝，我相信上帝，相信人，相信我自己，相信各种灵性上、事物上、道义上的帮助与支持。

（《沉思录》第六章"思考"）

自然中的"冷空气"和多恩身体的症状"发抖"相类比，更突出了这种发抖带来的"冷"；"医生的恐惧"和"我的恐惧"相类比，更让人对"我"这个病人的"恐惧"多了一层担忧，因为医生本是安全和医治的象征。多恩讲恐惧，先从自然现象开始，由自然现象展开思索，然后进入要讲的正题。由自然现象的恐惧—医生的恐惧—我的恐惧，将天人有机地结合起来，让这种"恐惧"的情感产生了张力和深度。病人、医生既是作者叙述的主体，又是意象本身，并且多恩还将这两种身份混合起来，医生因为恐惧也成了病人。

多恩将自然隐喻和人类事物相结合，借自然事物隐喻人之生存现状，在其中展现了自己深重的焦虑。他的周围，是寒冷，是恐惧，可这一切，并没有夺去他的盼望。他陷入疾病包围之中，疾病的"围困"也成为一种境况的象征。

将自然与人类在某个方面联系起来，也是奥古斯丁的修辞特点之一。在《忏悔录》卷十二第二十六章中，奥古斯丁用自然界的泉水类比真理的清泉：

譬如一股泉水，衍为许多支流，灌溉了大片土地，泉水在狭窄的泉源中比散布在各地河流中更加洋溢澎湃，同样传达你的言语的人所作的叙述，供后人论辩，从短短几句话中流出真理的清泉，每人尽可能地汲取真理的这一点那一滴，然后再加发挥，演为鸿篇巨著。

将泉水由细小到宏阔的特点运用在自然和人类两种不同的情境当中，让读者感到人生真理的纯净性、自然性和客观性。同时，将泉水与客观真理相联系，极易让读者联想到圣经中耶稣所说你们喝我所赐的水，就永远不渴，"我所赐的水，要在他里面成为泉源，直涌到永生"之类的话。

尽管多恩喜欢用例子来说明，使读者更贴近自己的情感，但多恩并没有使用不必要的修饰，他最重要的目的还是要打动读者的内心。《沉思录》中意象丰富，很多的意象叠加在一起，带有起伏不定的特点，从而更容易引发读者的欲望。这也是玄学派的修辞特点。多恩在陈述时所用的意象常常让人觉得压抑，在祈祷中又多使用了激扬向上的意象。

多恩认为上帝是隐喻的上帝，圣经中充满了各种各样的隐喻，多恩在《沉思录》书中多用隐喻，也暗示出作者"效仿"的心愿。在第十九章的"自我勉励"中，多恩写道：

> 你的话语充满形象和比喻，是四通八达的航线，是遍布大地的旅程，通向深远而珍贵的隐喻；你的话语充满张力，意蕴广大，宛如缀满比喻的帘幕；你的话语是夸张手法的天穹，充满了如此和谐的雄辩、如此幽远和含蓄的表达，它们是如此不容申辩的劝说、如此有说服力的诫命；它们甚至柔醇如乳汁，同时又强劲如肌腱；你的话语中应有尽有；如果说任何渎神的文字看起来像毒蛇的种子，那么你的话语就是飞翔的鸽子。

多恩的隐喻涉面极其宽广，这与多恩所处的社会背景有很大的关系。那时天文学、化学、物理与哲学获得极大的发展，《沉思录》中所涉及的众多自然意象也体现了当时科学的发展。

在第十七章的"沉思"末尾，多恩写道："此刻，另一个人也许也病了，而且病得要死，死亡的痛苦蜷伏在他的身体中，宛如金子躺在金矿中，对于他毫无用处；然而钟声响起，把他的痛苦告诉我，就像是把金矿开采出来供我使用……""金矿"是个自然科学词汇，在这里被多恩用来隐喻真正的财宝，也可以理解为人生的智慧。这里与圣经"箴言"二章2—4节遥相呼应："侧耳听智慧、专心求聪明、呼求明哲、扬声求聪明、寻找他如寻找银子、搜求他如搜求隐藏的珍宝。"当一个人的生命激励了另一个人，一个人的痛苦经由众人分担，那生命的精神财富就成了众人共有的财产，"病人"才能向死而生！这种在运用比喻的同时依然暗示出潜文本的含义而形成的多维阅读概念，确实与上述奥古斯丁的"泉水"比喻有着异曲同工之妙。

《沉思录》中的隐喻还有一个特点，同样一个物体，在不同的情况下蕴含着不同的隐喻内容。在第三章的"自我勉励"和"祷告"中，多恩多次提到了床：有的床，是为人疲惫时预备的安歇的床；有的床，是让桀骜不驯的孩子安静下来顺服听命的床；有的床，意味着舒适健康的生活；有的床，则是受到惩治的病床；还有的床，则意味着病中的恩典。多恩通过一系列的联想，渴望重新拥有一张床，使他可以在床上的时候，心里思想，并保持肃静。

整本《沉思录》都可以看作是一个隐喻，隐喻了一位生命个体的心灵康复史。虽然多恩的疾病是个现实，但也是个隐喻，意味着他的身心需要医治，多恩也多次提及"灵魂的疾病"。在圣经中，耶稣医治了一位病了38年的瘫子，然后对他说："你已经痊愈了，不要再犯罪，免得你遭遇的更加厉害。"（约翰福音：5：14）。在这部作品中，多恩的宗教性沉思、祈祷和常规概念的写作是密不可分的。多恩将自己的病体作为一个"文本"，写出了人类的凄惨境遇，通过各种修辞手段，反映了灵与肉的冲突。

以身体的病状对应对灵魂健康的反思。多恩以医生的到来寓意基督对灵魂的医治。以身体出现的斑点来象征基督能够除去人性的污点。整部作品的结构就是一个隐喻。在《沉思录》中，疾病的每个阶段都有属灵的象征意义，根据 John Peter Kooistra[1] 的研究，按照疾病的发展，这本书的结构可以分作六天：第1—3章(第一日)，第4—9章(第二日)，第10—15章(第三日)，第16—18章(第四日)，第19—21章(第五日)、第22—23章(第六日)。

在《沉思录》第十四章的"自我勉励"部分，多恩对于日子做了进一步的思考：

> 对于我们自己，我们的日子必然事关重大，藉助对这些日子的思考，我们可能对自己灵性的健康作出判断，而灵性的健康对于肉体健

康事关重大。

……………

主看一日千年，既然如此，主啊，今天，请让一日如一周，让我思考七天，思考七个重大的日子：在你的审判之前，让我先自己审判自己。

接着，多恩赋予每一个日子以含义：

第一天——上帝探访的日子，是迁就病人的日子。

第二天——作者对自己良知的烛照和拷问的日子。

第三天——为圣子的到来做准备的日子，作者必须通过黑暗的通道和滑溜的阶梯。

第四天——经历乌云和风暴的一天，是作者消亡解体的一天，也是重生的一天，是禁食的日子。

第五天——作者复活的一天。

第六天——是审判的日子。

第七天——永远的安息日。

多恩既赋予每一天特定的概念，同时每一天也包含着具体内容：

第一天是恩典临到的日子，如同牧人寻找自己的迷羊，医生临到自己的病人。第二天是自省自洁的日子，寓意着在神圣的光照下，作者看到了自身的缺欠，心灵开始复苏，良知开始回归。在这一天，作者的灵魂中会有悲伤的罪感，但恩典的太阳却依然光照着他，让他在痛悔中看到希望。第三天对付自己人性中所有的黑暗成分，借此以求与救主达成和解，借着他的奉献改变自己。第四天是作者旧体消亡解体的一天，也是重生的一天。第五天是重新获得肯定、身心灵得以恢复更新的日子。第六天是面对审判，也是协助审判的日子。第七天是归于永恒的日子。

第三天至第五天，隐喻了从受难日到复活日的三天。同时，作者将日子的总数定为"七天"，是以圣经中的"创世记"为潜文本的。在"创世记"中，上帝创造世界用了六天，第七日就休息了。在西方的传统文化里，"七"是个代表完全的数字。

全书用二十三章讲述了作者出死入生的经历，其中每一天的关键词分别为"恩典"、"苏醒"、"患难"、"死亡"、"拯救"、"安慰"、"平安"等。在笔者看来，这同时隐喻了圣经"诗篇"中著名的第二十三篇：

>耶和华是我的牧者，我必不致缺乏。
>
>他使我躺卧在青草地上，领我在可安歇的水边。
>
>他使我的灵魂苏醒，为自己的名引导我走义路。
>
>我虽然行过死荫的幽谷，也不怕遭害，因为你与我同在；你的杖，你的竿，都安慰我。
>
>在我敌人面前，你为我摆设筵席；你用油膏了我的头，使我的福杯满溢。
>
>我一生一世必有恩惠慈爱随着我；我且要住在耶和华的殿中，直到永远。

在这则诗篇中，我们不难发现《沉思录》中的关键词都能够得着体现。

第一句和第二句——恩典

第三句——苏醒

第四句——死亡与拯救

第五句——安慰

第六句——平安

多恩的《沉思录》，由身体到心灵，由身体的医治到心灵的安慰，同时借着潜文本圣经，让多恩的整个沉思过程融合了人性和神性的混合元素。

巧合的是，《忏悔录》的文字风格也与圣经中的"诗篇"有很大的相似性。

每日的思考、赞美、再反思,这样一种文字布局,将感性和理性结合起来。奥古斯丁文字的口语风格,以及在事件中的自我感悟,针对事件的逻辑分析,都能找到"诗篇"影响的痕迹,同时,《忏悔录》还多处引用了"诗篇"原文。

从《沉思录》可看出,多恩不仅在其生活模式上,而且在思想上,都对奥古斯丁多有承继。在灵魂净化的漫长路途中,苦难是不可避免的成圣方式。奥古斯丁所论及的罪性与恩典的关系也在《沉思录》中深刻地体现出来。

第二节 病体的象征与反思

能够驾驭忏悔录这种文学体裁的人,一般都是有强烈的自我反思意识的人,在艺术上常常带有强烈的哲理性特点,体现了精神探索的强烈特征。多恩在这一点上与奥古斯丁一脉相承。多恩的"思考"与"自我勉励"以理性分析为主,是由沉思者的理智的推论为主导的,具有浓郁的奥古斯丁风格。《沉思录》的开端,多恩逻辑性地分析了人类的悲惨现状:

> 人的境况真是多变而悲哀!刚刚我还身强力壮,顷刻间就病痛缠身。变幻之突然,令人不堪承受;形势每况愈下,无由推诿,也无可名状。人们渴望健康,煞费苦心于食物、饮料、空气、运动;为保持健康,我们不懈努力。然而,一个突发事件令一切前功尽弃;我们惨淡经营,殚精竭虑,终归疏而有漏。疾病不期而至。一个失控的局面一瞬间征服我们,占有我们,控制我们,摧毁我们,令我们倍感沮丧。

多恩在设计这本书的框架时,也是通过理性的逻辑作用于教益的功能。这部心灵的直白,本身就可看作是多恩提供给人类的文本,其中有关人类存在的苦难反思,让个体的经历具有共性的特征,人类可以从中探知自己的存在状况。多恩是一个病人,需要医治,而整个人类的境况何其相似!多恩也将自己的自省意识同社会的大环境联系起来,他提供了一种自省方式,使读者在阅读的过程中极易融入其中，与作者一同经历心灵的跌宕起伏。

在批评家的笔下，多恩的《沉思录》充满了奥古斯丁式的理性逻辑和训诲。奥古斯丁的《忏悔录》充满了很多困惑和诘问，他讲述自己所遇到的人，他的家人、朋友、师长，他在摩尼教和基督教之间所经历的挣扎，他在转化之前以及转化之后的对比。如果说转化之前奥古斯丁侧重讲述的是自己身边的事，转化之后则更侧重于对意志、恩典、记忆、时间的哲思。如果从《忏悔录》中看奥古斯丁的创作特点，他首先关注的是哲学和神学的混合问题，其次才是文学问题。但多恩的《沉思录》却始终把关注的焦点放在自己，由对自己疾病的思考引发出其他的问题。奥古斯丁的《忏悔录》是和自己人生的相关事件顺序一同推进的，而多恩虽然是随着疾病进程记录自己的思想，却并不受疾病的左右。

从写作方法而言，《忏悔录》和《沉思录》的另一共同点是两位作者对事物的思考常常由"第三方"所引起。在《忏悔录》卷八第十一章中，奥古斯丁为了远离各种困扰，他在激烈的心灵挣扎中写道：

> 我被这种心疾折磨着，我抱着不同于寻常的严峻态度责斥我自己，我在束缚我的锁链中翻腾打滚，想把它全部折断。这锁链已经所剩无几，可是依旧系繫着我……我在心中自言自语说："快快解决吧！快快解决吧！"我的话似已具有决定性，即欲见之行事，可是还不下手；我并不回到过去的覆辙，但站在边缘上喘息。我再鼓足勇气，几乎把握到了，真的几乎得手了，已经到了手掌之中，入我掌握了。不，不，我并没有到达，并没有到手，并没有掌握；我还在迟疑着，不肯死于死亡，生于生命：旧业和新生的交替，旧的在我身上更觉积重难返；越在接近我转变的时刻，越是使我惶恐，我虽并不因此却步，但我不免停顿下来了。
>
> 拖住我的是那些不堪的、浪荡虚浮的旧相好；它们轻轻地扯我肉

体的衣裙,轻轻地对我说:"你把我们抛开了吗?"

缠累奥古斯丁的,除了情欲,还有各种旧时的回忆、他对人性的迷惑、他的功名思想、诸多的抱负等等。他想从人那里获得帮助,常常以失望告终,困扰他最深的乃是他自己的内在。但奥古斯丁在这里所用的修辞,很难用某个具体的名词来概括。他细腻的心理描写,加上深刻的哲思,造就了一种奥古斯丁式的表述风格。正如刘建军论及《忏悔录》时所说:

> 在奥古斯丁之前的欧洲文学,基本上展示的是生活的描写,人物的性格和社会事件大致都是根据行动表现出来的——这也是为什么亚里士多德在他的《诗学》中,把人物的行动放在悲剧艺术最突出地位的原因。虽然其中有些作品里面也有某些人物心理的描写和展示,但这种心理描写,特别是精神上的剖析是非常简单的,力度也是不够的。而《忏悔录》的出现则开始造就了欧洲一个新的文学传统。这个传统就是一部作品可以不写故事,可以不塑造人物,甚至没有外貌刻画和情节构成,全部作品就是表现主人公自己的内心世界,全部作品都是人物的心理描写。这是奥古斯丁《忏悔录》最伟大的艺术功绩之一。换言之,他终于找到了一个艺术形式,准确地把人的精神世界作为一种独立的对象在作品中表现出来了,并且通过对人的心理的细腻描写,反映了人类社会的现实和精神的现实。从这个意义上来说,如果寻找后代心理小说写作的源头的话,可能《忏悔录》就是最早的范本了。如果说这也是一种写实主义作品的话,那么,奥古斯丁创造的就是心理写实主义。[2]

多恩的沉思除了常规的思考之外,他那奥古斯丁式的联想式象征也发挥了巨大的作用。医生使多恩想起灵魂的医治,国王让他想起上帝的恩典,疾病使他联系起自己的罪。他善于把尘世的境遇与天国的事物结合起来。奥古斯丁将周遭的一切进行反思，探索作为通往天国的台阶，多恩则将天国拉近了自己的病榻。如果说奥古斯丁沉思后的顿悟主要是由一些大的整体事件所引发，多恩则更擅长在细小的事件中进行挖掘。这也吻合了玄学派的写作特点。从思维的走向上看来，奥古斯丁常常是事件中的主体，也是沉思的主体，他在某一事件的作用下，沉思—惶惑—纠结—顿悟。多恩则在整体的框架中，将许多事件的碎片一个一个地串联起来，也在整体中抽取一些部分进行分析，达到高度的结构化和逻辑性。他注重"微小"的意义，使读者常能得到"见微知著"的效果。

疾病使多恩将思考的对象专注于自己的病体，甚至病体的器官，这是《沉思录》在选取分析元素时非常独特的一点。多恩认为心是人体器官中的头生子，在人的生命中拥有老大的地位，别的器官属于续生，因而在器官家族中隶属于心，有赖于心。然而心虽然重要，但正如在一个家庭中，长子往往并非最强壮，心也不是最强壮的器官，因而比其他器官更需要呵护，就像在家庭中，孩子们必须服从父母；就像在社会生活中，任何人必须服从上级；虽然父母或上级往往并不比孩子或下属更强大。多恩通过心与其他器官的辩证关系，象征世界机构彼此搭配和顺服管理才能和谐的问题。从此可见，疾病让多恩常常选取人体的某个器官作为独特的象征，器官的搭配犹如社会机构的设立，器官之间的协作也象征着社会各个机构的和谐运行，器官之间的主次之分也寓意着社会中上下级的服从关系。

在《沉思录》中，多恩选取的思维意象涉及了天、地、人的三方概念，展示了宏阔的思维空间。多恩也常在自然世界和非自然世界之间徘徊，他在非自然世界中努力营造着自己的自然世界。多恩用自然事物描述人的处境，显示出人与自然的相通性，以及对自然的掌控：

  与匍匐行动的造物相比，人是直立的存在，这是人优于和高于其他造物之处；人被如此创造出来，领受来自天国的审视。人的形体的确值得庆幸，它是对灵魂的回报，灵魂让这样的形体承载着，比别的造物更接近于天国。

(《沉思录》第三章"思考")

从自然的角度来讲,他的身体在逐渐衰退,但多恩将身体从心灵之中移居到意识的天国里,让必然朽坏的身体在另一个世界获得永不朽坏的保证。由于多恩视野的开阔,他很难在一个意象上停留很久,他跳跃式的思维让他的意象所带来的意义象征也在不断地发生变化,这也在一定层面反映出多恩在疾病中的心理状态。

多恩的思维常由"点"出发,由一"点"跃到另一"点",常常呈现出后现代的非线性特征。《沉思录》的确带有后现代的修辞元素,体现了许多悖论和不确定的元素。这种不确定性,也反映了多恩的病情,每日心情的动荡不安。

在第一章的"自我勉励"中,多恩对自己的境况无能为力,纠结不已:

> 我知道我被诱惑所包围。这是人的宿命,无一幸免;条条道路都有危险,处处都有诱惑;面对诱惑,我本应躲避,却反而感到加倍的吸引,身不由己;唉,我闯入迷漫灵魂瘟疫的病房,身陷诱惑,与魔鬼为伍;面对危险和诱惑,我无法洁身自好,反而伸手索乞,纠缠不清。

这种无归宿的心态,是疾病的副产品,正像善产生更多的善,焦虑所带来的囹圄感更加深了被捆绑的感受,被包围,却无处可逃;心知诱惑,却无法洁身自好。《沉思录》颠覆了传统对于疾病后果的描写,作者不是专注于疾病,乃是聚焦于疾病中的意识。疾病,也成为一种意象。在"自我勉励"中,多恩的许多文字以及使用的隐喻,在读者看来具有虚幻和不稳定的色彩,但却是由一场十分真实的疾病所引发。多恩在真切的痛苦和自己的心灵天地之间找到了一个缓冲地带,可以使自己的心灵不受疾病的耗损。

多恩在修辞的时候也用感官,但多恩的感官不局限于眼或耳朵,而是全身。他在第七章的"祷告"中说到自己的身体:

> 当你（指上帝）的火焰燃烧，它就发热；当你的水分蒸发，它就冷却……你藉此锻造我们的灵魂，为我们安排你的两种成分、两种程序……

他将整个身心灵投入到神性的思考之中，表现了作者在短暂的时间和空间里对人生命运的深重思考。

多恩在心灵的引导下写的文字很多时候读起来像是"碎片的连接"。局部碎片化，通篇整体化。多恩在每一章的布局分三部分，这三部分在逻辑上没有必然联系，但从整本书来看，却是人性与神性的和谐统一。"思考"为多恩搭建了自由思想的平台，"自我勉励"集中了多恩置悬于现世与来世之间虚空感、困惑感以及在人性中获得突破，在神性中得着安慰的心灵状况。"祷告"部分则体现了多恩力图超越自我的有限，摆脱肉身的痛楚所寻求的出路。多恩在第十八章的"自我勉励"部分自我解读说，"自我勉励"对作者本人意味着困惑，对他人则意味着问题。

第三节 心灵导航下的象征内涵

在《忏悔录》中，奥古斯丁首先把矛头对准了自己肉体本能的欲望，并在上帝面前进行了深沉的忏悔。而多恩先将人类的本相、悲惨的境地和盘托出，这两种表达，在笔者看来出于同一目的：就是让读者看到人生无奈和绝望的境况，从而引导我们进入思考之中。多恩的文字带有极强的主体性特征。他的文字虽然可以感受到交流性，读者会不由自主地卷入多恩的强烈情绪之中，但多恩的诉说方向是向内，而不是向外，是向上，而不是向下。他用内心独语的方式解剖自己。

多恩在叙述时的走向是由"心灵导航"的。许多的隐喻也是以此为基础的。这一点深受奥古斯丁的影响。他们的叙述本源都出自圣经这一潜在的文本。《沉思录》中二十三章中每一章的三个部分，似乎作为一种统一的风格出现在每一章，但因为记录了疾病的不同阶段，在这不同的阶段中，多恩所用的修辞也根据身体和心情的变化而不同，并且呈现出鲜明的"分类组合"特点。例如：第一至第三章，写疾病的突发和卧病在床的境况；第四至第六章是医生对疾病的反应；第十三至第十五章是心灵的争战；第十六至第十八章是对死亡的反思……多恩对疾病的记录是按照时序的，理智与情感、感性与理性此起彼伏，显示出强烈的心灵争战，但他对身体的病状之描述所引发的，是对疾病与生命之关系的思考。实质上，在这本心灵独语中，多恩的修辞超越时间和地点的限制，虽然在叙事层面与病况的发展有关，但多恩的自我意识却是受心灵的牵引；而多恩的心灵，并不固定在疾病的痛苦和疾病带来生活的种种限制之上，他从自然界中获得灵感，将自然与自己的心灵相对应，将他人与自己的身份相联系，在天人合一、人人相系中完成自己的心灵转化。

多恩在疾病中的种种冲突为其"成圣"搭建了一个平台。心理和现实的困境让多恩从神学中寻找出口，将力不能及的现状通过心灵的过滤后，复归宁静。这种"空间"的移动，充满了修辞的暗示。

但作为灵修性文学，多恩时常为自己的罪呼求饶恕，这种以呼求的方式引导读者进入作者的情感氛围当中，成为本书的一个修辞特点。《沉思录》是一部祈祷性的散文集，但作为圣保罗教长的多恩此时脱离了平素牧师布道的宏大叙事风格，将关注的焦点从听众转移到自身，又从自身衍射开去。在这一点上，多恩和奥古斯丁有所不同。奥古斯丁的《忏悔录》也是以自身为叙述焦点的，但忏悔录在叙述方式上基本分为两大类：自省以及在思辨中的神学求问。而对于多恩而言，他向内审视自己，但在他的诸多倾诉当中其实预设了潜在的听众群。

《沉思录》中突出的矛盾体是沉沦与救赎、衰落与复苏，具体的体现为疾病与医治。疾病，在这里具有高度的象征意义。从本质上而言，它是人类之"罪"的象征，但多恩在这里给予这种象征赋予丰富的内涵：在疾病中的挣扎、对疾病的考察、对于病状的疑惑，以及其中的沮丧、灰心、胆怯、怀疑、鼓足的勇气、崛起的信心，都让读者在多恩非常个性化的叙述之中，体验到生命与死亡的激烈争斗。疾病，也在这个过程中被很大程度地拟人化了，正如在第七章的"思考"中看到的："疾病自己掌控了局面，密谋如何扩张，扩张的各部分又如何联合，如何进一步彼此壮大；难道我们还不应该叫更多的医生来会诊吗？死亡在老年人的门内，它站在老年人面前直言相告；对于年轻人，死亡站在他背后，什么也不说。"

"忏悔"既涉及忏悔者对自身的认知，也涉及其人对真理的理解。忏悔，在奥古斯丁看来，就是表明自己在造物主面前的谦卑，在真理的启示下，回归上帝的心意，赞美并荣耀他。在《沉思录》中，多恩完全实现了与奥古斯丁在这些方面的一致。在多恩写作《沉思录》时，已经摒弃了世俗的雄心，因此这部作品中所反映出的人性特征，也是作者在通往神性的路途中与肉体中根深蒂固的人性的各种弱点进行争战的印记。在死亡即将来临时，他在思考灵魂和肉体的关系，多恩认为疾病的根源与人内在的状态有很大的关系。多恩的作品可以看作是对这个世界的对抗，他的肉体挣扎在这个世界上，而他的心又在日益远离这个世界，这本书让我们更深刻地认识到多恩性格的矛盾性。整本书围绕着多恩的自我，不仅在外在形式上用的是第一人称，而且这个"自我"，既是叙述的主体，又是被分析的"客体"。对于《忏悔录》中的奥古斯丁而言，亦是如此。在他们看来，身体和灵魂的关系对于理解人性和神性至关重要。这是相辅相成的。

修辞的力量体现为表述观点，塑造性格，触动心灵。语言的意象突破了时间和空间的限制，从这个角度而言，修辞就不仅是一种表达的手段，它成为具有理性思维特征的内涵的一部分。

多恩的《沉思录》，涉及了特定的语境、场景、时间、人物。随着这些元素的变化，与此相关的象征意义也发生转变。多恩的许多思辨，体现出新教教义范畴下的修辞哲学。

参考文献：

[1] 朱黎航. 生命与信仰的叩问——评约翰·多恩的《丧钟为谁而鸣：生死边缘的沉思录》[J]. 外国文学研究，2011（4）：167.

[2] 刘建军. 奥古斯丁《忏悔录》的文化意蕴分析[J]. 吉林师范大学学报（人文社会科学版），2010（2）：1-6.

第四章　心灵体验的时间

奥古斯丁《忏悔录》中的时间观是哲学研究的经典论题，多恩在这个问题上，既和奥古斯丁有高度的一致，又有更多与实际生活的联系。对于"时间"这个语词而言，奥古斯丁侧重"神性"，多恩则偏重"人性"。

第一节　时间的共融性

奥古斯丁的时间以自身的心灵体验为基础，充分调动着昔日、现在和未来的时间概念，将他对时间的思索与迷惑交织在一起，但是时间相对于感悟而言，已经退居其次。值得我们注意的是，时间并非他终极的思索对象。学者们将奥古斯丁的时间习惯表达为"上帝的时间"。奥古斯丁论及时间时说：

> 在你创造时间之前，没有分秒时间能过去。如果在天地之前没有时间，为何要问在"那时候"你做什么？没有时间，便没有"那时候"。你也不在时间上超越时间：否则你不能超越一切时间了。你是在现在的永恒高峰上超越一切过去，也超越一切将来，因为将来的，来到后即成过去；"你永不改变，你的岁月没有穷尽"。你的岁月无往无来，

> 我们的岁月往过来续，来者都来。你的岁月全部屹立着绝不过去，不为将来者推排而去，而我们的岁月过去便了。你是"千年如一日"，你的日子，没有每天，只有今天，因为你的今天既不递嬗于明天，也不继承着昨天。你的今天即是永恒。
>
> （《忏悔录》卷十一第十五章）

奥古斯丁对时间的思索反映出圣经的时间观。圣经中记载耶稣曾指着以色列人的远祖亚伯拉罕说："还没有亚伯拉罕，就有了我。"（约翰福音：8∶58）体现了上帝穿越时空的特性。在这里，上帝赋予了时间这个语词以新的意义，是因为时间出现在了一个特别的系统，一个不受物理环境制约的系统。正如P·F·斯特劳森所说："一个语词具有某种特定的意义，在于这个语词对它在其中出现的那些语句的意义作出某种特定的系统贡献。"[1]时间这个语词，也在圣经中，让过去、现在和将来这三个含义相悖的时间概念达到了意义上的高度统一。因为上帝具有"说有就有，命立就立"的特征。与奥古斯丁相同，多恩的时间观也呈现出类似的特征：

> 以无穷为例，无穷中没有时间的区别；无穷并非时间的持续流动，而时间只是某个长时间段中一个短暂的瞬间；无穷始终是无穷，虽然时间始终不是它自己。再以永恒为例，如果说来世中没有时间，那么，永恒则是存在于时间之外。
>
> （《沉思录》第十四章"思考"）

多恩在这里提示我们的是，时间在永恒当中并不存在过去、当下和将来的区分，这一切并不由时间本身所掌控。因为时间，从圣经的文本出发，也是被造的存在。这个被造的时间从本质上而言是"被掌控"的。人若想在永恒中抓住时间，抓住的只能是"零碎"。但这个"零碎"，却在具体存在的过程中，融入了整体的概念。因此，无论奥古斯丁还是多恩，在分析时所采用的时间，都可视为"语料"，本是就带有碎片的特征：

现在的时间,我们认为仅有可以称为长的时间,已经勉强收缩到一天。我们再研究一下,就是这么一天也不是整个是现在的。日夜二十四小时,对第一小时而言,其余都属将来,对最后一小时而言,则其余已成过去,中间的任何一小时,则前有过去,后有将来。而这一小时,也由奔走遁逃的分子所组成,凡飞驰而去的,便是过去,留下的则是将来。设想一个小得不能再分割的时间,仅仅这一点能称为现在,但也迅速地从将来飞向过去,没有瞬息伸展。一有伸展,便分出了过去和将来:现在是没有丝毫长度的。

(《忏悔录》卷十一第十五章)

圣经中谈到与人相关的时间时,也常常显示出零碎、片断、飘忽的状态:"你们本是一片雾,出现少时就没有了。"(雅各书:4:14)"我的日子比跑信的更快,急速过去,不见福乐。我的日子过去如快船,如急落抓食的鹰。"(约伯记:9:25-26)又如:"人为妇人所生,日子短少,多有患难。出来如花,又被割下;飞去如影,不能存留。"(约伯记:14:1-2)人之时日,放在永恒的背景下,何其短促,不免让人产生时间的困惑和对人生意义的追问。

第二节 "瞬间"的意义

给时间建立意义的重要元素是人的心智,这也许是人达到生存目的的条件,也使人之存在于时间当中获得意义成为可能,也是时间作为一种存在的意义之一。心智常常为语词建立意义,或者为意义找到了语词,诗人可以在认识中运用更多的语词,同时也在语词中认识自己,在对心灵的内视中理解现实。在这里,心灵是语词意义的起点,也隐含着现实表达的理想方向。因此,我们可以说,语词当中所包含的意义是心灵活动与语词产生的语境相互作用生成的,任何的"瞬间"一旦与"意义"结合,"瞬间"就进入到另一种意义空间当中；是意义给予"瞬间"以生命，使人之存在由于对"瞬间"的把握获得恒久的价值。"瞬间"作时间的一个语词，此时所包含的意义不仅限于时间，也意味着时间所给予的"时机"。

圣经谈到"时机"时说："智慧人的心，能辨明时候和定理。"（传道书：8：5）"我又转念，见日光之下，快跑的未必能赢，力战的未必得胜……所临到众人的，是在乎当时的机会。"（传道书：9：11）由此可见，时间的机遇需要人具有把握的能力。在这个背景下，时间是被操纵的，时间的功能与目的密切相关。但对时间的掌控，也与人对时间的反应有关。时间这个语词，在"可操纵"方面，具有两个基本含义："一方面，时间指人生旅程中的某个转折点，常与'时机'相联系……另一方面，时间指永恒创造的原则。"[2]"时机"一方面君临于人，另一方面也需要人的把握。多恩就曾祈求上帝使他得到那个季节应有的快乐，但他对机遇发出无奈的感慨：

> 与太阳相比，人的生命何其短暂！人甚至无法和一棵树相比！我们短暂的生命想要汲取美好的营养，更是多么偶然的机遇？对于这种偶然，我们敢说自己能理解什么？能把握什么？人战战兢兢、小心翼翼，试图抓住偶然，在尘世间编织幸福的蛛网，但这张蛛网是多么纷繁杂乱？它不过就是虚无的时间，而且不过是其中可怜的一小片。最好的事物以此构成，否则就一无所是。荣誉、快乐或财富，它们的意义依赖于时间。

（《沉思录》十四章"思考"）

但是，多恩虽然在此发出消极的概叹，却依然将自身的意义与难以抓住的时间努力结合，力图使自己活在时间的价值之中。他接着写道，人在尘世间编织着幸福的蛛网，这张蛛网也不过是虚无的时间。荣誉、快乐与财富的意义也依赖于时间。在衰老呆滞的老年，一切都没有意义，不同季节的快乐不易混淆。时间在他的心中，早已超出了物理概念，而成为其抒发心灵感悟的一扇窗口，与精神活动有直接的联系。他在时间中产生感悟的内容，又在时间中实施着感悟的言语行为。

多恩在这里强调的是现时能够感受的时间的"瞬间"概念，而转瞬即逝的瞬间仅仅是现在的一小部分，多数的现在应该是一个时间段，并且与未来界限模糊。西蒙·巴埃弗拉特则从叙述学的角度印证了上述的观点。他提出了情节时间的概念："情节时间是主观的，根据环境要求可伸展可收缩，它绝对不会连续不断，而是常常有间隔、延迟和跳跃，它也没有过去、现在和将来这些细致的区分。通过时间上的倒退和前进，激起对过去的回忆和未来的期待。不同的时段也就融合到了一起。情节时间并不整齐划一或者规范齐整，它的方向和速度都时常发生变化。"[3] 由此可见，西蒙·巴埃弗拉特的时间也是一个概念综合体，里面有对过去的记忆、现时的感受和未来的期待。

第三节　时间与记忆

奥古斯丁在《忏悔录》第十一章进入到对时间的分析，却在第十章先从记忆谈起。他喜欢用记忆的方式展开，像是他为自身心灵寻找的存证，此刻的时间虽然是模糊的，隐藏在记忆当中，但它带给我们的时间境域是宽泛的，又是整体合一的，在过去由无数的时间构成的空间中，是奥古斯丁对于记忆的哲思。在奥古斯丁看来，记忆拥有他内心的情感，当他不快乐的时候，却能回想过去的快乐；当他不忧愁的时候，却能回想过去的忧愁；当他无所恐惧、无所觊觎的时候，却能回想过去的恐惧、过去的愿望。有时甚至能高兴地回想过去的忧患，或忧伤地回想以往的快乐。当他面对现实感到脆弱无奈之际，"回忆"自然成为累积美好的一种方式，成为他在自由的心灵空间里释放自己的路径。在回忆的空间里，他得以从容拣拾往事的碎片，按照自己心灵的呼唤拼接它们。在回忆的过程中，他让所遇的事物相互作用，生出复杂的痛苦和愉快。事实上，在笔者看来，与时间相关事物常常显示出瞬间的状态，奥古斯丁和多恩均善于用感悟将生命中不同瞬间结合起来，将生命的感知注入作品之中，若要反映生命在世界上的本质，作品常常会带着记忆的痕迹。因此，我们不难发现奥古斯丁和多恩对于时光流逝的无可奈何，而又渴望通过回忆存留生命碎片的努力。在《沉思录》中，多恩也将自己的思考安置在回忆的语境里，他回忆自己年少时犯的错误，并为此深深懊悔；他也想起一些先前的贤德之人，特别是奥古斯丁，本身成为多恩回忆的一个关键部分。多恩以当下的眼光尝试着理解过去，以期获得对自我真实的认识。这种内省的自我认知方式，使外在的时间变成了内在的时间，内在的时间具有了心灵的特质。

第四节　现世与永恒：时间的心灵存在

多恩的病榻可看作是一个圣坛，在这里集中体现着短暂的生命和永世的关系。一方面是现实生活中随时可以死亡的肉体，一方面是他心中永恒的理念，组成了他在这个似乎毫无指望却又满怀希望的特别阶段，这正是他生存的真实境况。他不断地思考时间的问题，并非他的生命还能延续多久，而是"时间"能使他透过现状得到慰藉。

对于多恩而言，时间是现世生命的长度与永恒生命的结合。很多时候，多恩将时间与天国连在一起。一方面，他拥有自己在世界上的时间；另一方面，他并不是自己时间的主人。他的存在状态取决于他在地上自己无法掌控的生命长度。

我们看不到通常意义的历史时间概念，多恩不是按照过去—现在的顺序讲述事件过程的，而是以疾病的发展讲述自己的心灵变化。与他在此事件中的思考相比，多恩对自己现实困境的描述篇幅很少。但多恩对时间的运用，体现于让历史事件交叉于现实之中，使现实与历史产生通约性。对于时间，多恩这样认为：

> 时间具有想象性和半虚无性，这是时间的本性；如果这一本性是

我们幸福的基础,那么,何以认为我们的幸福能持久?时间本身就不可靠,何以认为由时间组成的幸福能靠得住?如果时间不可靠,那么任何相关组成亦复如此。无穷和永恒是两个相反的例子。

(《沉思录》第十四章"思考")

多恩的时间观深受奥古斯丁的影响。时间,无论在《忏悔录》还是在《沉思录》中,都是相对的抽象概念。奥古斯丁在对时间的分析中探索永恒的概念,多恩由于自己特殊的境况,关注着在时间当中人的生存状态和幸福的理念。

时间是世界具有的元本体之一,是万物运动和变化的表现形态。时间的概念既然如此丰富,它的性质该怎样认定呢?海德格尔也表达了自己的困惑与思考:

> 把它看作是自在存在着的吧,它却又显著地归于"心灵";说它具有"意识"性质吧,然而却又"客观地"起作用……时间是否以及如何有一种"存在"?我们为什么以及在何种意义上称时间"存在着"?只有显示出在何种程度上时间性本身在其到时的整体性中使存在之领会与就存在者而谈这回事成为可能,上面的问题才能得到回答。[4]

昔日、当下和未来三个时间概念,无论在《忏悔录》还是在《沉思录》中,都超越了一般时间的概念。与其说是时间,不如说更像是作者心灵的载体,承载着不同的情感状态。而这一切的叙说,又都因为作者自身所选取的位置,让我们有时很难对其所展示的时间境域做出准确的判断。因为时间的飘忽性和碎片性等不确定性的特征,我们不易从字里行间判断他们所讲述的时间段。既然时间在奥古斯丁和多恩那里不是一个物理概念,具体的时间就不是我们要关注的首要元素。许多的不确定并不妨碍我们找到表达的核心:两人的心灵感悟总是超乎于时间之上,时间已经成为心灵概念。

从表达的内容来看,时间的不确定性恰恰反映了作者内心的挣扎。奥古斯丁和多恩,作为有限时间之内的存在,只要他们在时间中活动,就会渴望超越时间，使自己的心灵置身于恒久当中，所有的思考也就在永恒中找到了自己的位置和价值。时间，是个心灵元素，是意义和价值的载体。奥古斯丁和多恩，在这一点上，达到了超越时间的共识。

参考文献：

[1] P.E. 斯特芬森. 意义与真理 [C].// 马蒂尼奇. 语言哲学. 北京：商务印书馆，1998：183.

[2] 胡家峦. 英国文艺复兴时期时间观 [J]. 四川外语学院学报，2001(6).

[3] 西蒙·巴埃弗拉特. 圣经的叙事艺术 [M]. 李锋，译. 上海：华东师范大学出版社，2007：154.

[4] 海德格尔. 存在与时间 [M]. 陈嘉映，王庆节，译. 北京：生活·读书·新知三联书店，2003：458.

第二部分　圣洁的勇气

一条路在脚下
一条路在顶空
我不能下去
因为踩在天梯

第五章　论多恩改宗

英国国教,又称新教,是16世纪英格兰宗教改革的产物。多恩由天主教改为英国国教,不仅对于多恩的个人生命而言,是一个里程碑式的事件,同时对于多恩的学术研究而言,也始终是争议的热点。改宗的结果,使多恩的人生发生重大转向,正因为如此,多年以来,围绕着多恩是如何完成这个"转向"的,学术界争论激烈,热度不减。但"背教说"在很长的时间影响其大,并被后来的多恩研究学者广泛引用。学者们认为多恩的"背教"或出于仕途的无奈,或因家族的渊源,或因生计的缘故,是不得已的一个"被选择"。这些观点的主要立据是多恩在年轻时雄心勃勃,渴望成就一番大业,因而选择英国国教;从政治的层面而言,靠近了当时的主流,自然对仕途有益;而多恩的家族,因天主教有多人殉道,多恩先后在牛津和剑桥这两大学府度过6年光阴,但是由于他的天主教徒身份,未能获得学位。19岁时,多恩到伦敦的林肯法律协会(Lincoln's Inn of Court,当时英国的准律师接受法律培训的地方)研读法律,同样因其信仰而不得开业做律师。从天主教改为新教,在常人看来,多恩在情感上一定是非常挣扎的,也更为多恩的"被改宗"增加了一点合理的猜测。目前学界认为多恩改宗的非自愿多是基于上述理由的推论。

在《沉思录》译本中的导言部分,林和生认为:"多恩改宗是一个历史事实，从这一历史事实，一位研究者可以从中得出'背教者'的象征性结论，这是他的学术自由。然而，我个人宁可相信，多恩改宗，正是所谓'神启神学'与'历史神学'的结合使然。"[1]他在导言中简述了文艺复兴时的历史主流及其潜在的神学倾向。他认为"文艺复兴导致至今数百年来的历史主流文化：个人主义、民主政体、市场经济，其中包含着'信仰私人化'的潜在倾向"，而"这一潜在倾向在相当的程度上决定着基督信仰从天主教向基督教的转型：每个人直接对他自己的耶稣负责，而不是通过天主教路线的神父，这一点可视为个人主义历史地位浸润基督信仰的一个重大结果"。

多恩后来的作品显示出浓郁的新教特色（直接向上帝倾诉，悔改，认罪等等，更注重个体与上帝的关系）。我们看他是不是真心的，要看他最后变成了什么样的人。1994年，Doebler在 *Rooted Sorrow*[2] 一书中，认为在多恩晚期作品《沉思录》和最后的一些布道文中，不仅反映了对其早期信仰的脱离，而且通过与群体（community）及国家建立关系，继而在这种关系的作用下，在更广阔的意义上融入社会，而这个社会的结构作为一种秩序和法规的准则以及自然的群体阶段有着一致性的特点。

第一节 对"叛教说"的思考

从学理上来讲，多恩当时的英国国教属于新教体系，与天主教同属基督教范畴。从历史上而言，天主教和新教都是基督教的一部分。天主教最早是由耶稣的门徒彼得传入的，后来东西罗马出现后，东边的成了东正教，西边的是天主教。多恩的改宗，其实还在基督教的范畴之内。因此，多恩在信仰的教义上不会有多少挣扎。

从渊源上来讲，天主教与英国国教有着极其特别的关系，不是人们通常认为的非黑即白的关系，当时这两种宗教在英国的转化是一个灰色地带。在16世纪英国国教会由英格兰君主亨利八世开始改革并作为英格兰的国教。那时亨利八世要离婚再娶，这必须经过教皇的批准，而教皇用了拖的策略，亨利八世一急之下，说服国会通过《至尊法案》，即如果是英国皇帝，他也将是国家教会的元首。这法案一通过之后，教皇就管不着他了。以前英国的教会是由意大利的教皇领导，亨利八世做了决定，从那天开始，英国国家教会就独立起来了，这就是安立甘教会（Anglican church）。亨利八世采取了主教制。这其实就是把原来罗马教搬过来，只是他自己成了英国的教皇，在某种程度上，英国国教本身就有天主教的特色。因此，多恩从天主教转为英国国教，从根源来讲，并不是一个U形转弯，用"改宗"并不合适，或可称作"移门"——转换门庭。

在H·J·C·格瑞厄森为多恩诗集所作的序中提到，多恩在大学期间就研究宗教论争文献，思考的结果是所有教会都是"同一太阳所发出的光辉"，"同一个圆具有相同性质的部分"。[3]

Alison Shell和Arnold Hunt所编的《剑桥多恩指南》中谈到，当有人请多恩讲一下他的宗教立场时，多恩只笼统地称自己为"基督徒"，一如他在《伪殉教士》中说不敢用基督徒之外新的名词来称呼他的信仰。[4]但在其写于去世前三个月，即1630年12月的遗嘱中，他更准确地定位自己，认为自己不仅是位基督徒，同时还是英国国教的一员。他说使他活着的圣灵与英国国教中服侍的灵是同一个。这段话可以看作是对圣经中"哥林多前书"12章4—6节的回应："恩赐原有分别，圣灵却是一位。职事也有分别，主却是一位。功用也有分别，神却是一位，在众人里面运行一切的事。"笔者认为多恩仅仅在基督教的教义当中证明自己是不够的，他也需要向英国国教的权力机构表明自己在宗教立场的一致性。多恩对自己的宗教定位说明了这个问题。

在《沉思录》第七章的"自我勉励"中，多恩认为寻找救恩，寻找团契和分享，不是从某个人身上去找，也不是从小圈子或小团体去找，而是要在天主教会（Catholic Church）中寻找。他会在圣礼中听到上帝的话语，从上帝的应许中见证他的唯一。可见，在多恩的心目中，天主教和他目前信奉的新教在教理上并没有什么分歧。

比多恩早了1 200多年的奥古斯丁，是天主教的主教。他的修辞学理论和基督教神学极大地影响了多恩。"奥古斯丁不仅有浓厚的罗马天主教的传统意识，而且也为新教教义奠定了基础。"[5] 奥古斯丁无疑是中世纪最重要的哲学家。他的作品，渗透着人文精神的哲思，他对一种想象的洞察力具有坦率直接的深度。他对人类天性中的动机、意志和情感的深刻认识，影响深远，成为传统欧洲文化中对人性认识的主流观点之一。

多恩不仅非常熟悉奥古斯丁的作品，并对其推崇备至。就像他《沉思录》第七章的"自我勉励"中引用和提到奥古斯丁时所说：

> 我的上帝，我的上帝，你所赐福的仆人奥古斯丁向你祈祷，他希望摩西告诉他《创世记》中某几处的意思，那么，向写作《创世记》的圣灵，我能否也离题问一个问题……

在第十章的"自我勉励"中，多恩继续写道：

> 你的仆人奥古斯丁说，假如当初亚当不犯罪，基督就不会死；按照同样的逻辑，求你让我来这样假设……你神圣的仆人奥古斯丁忏悔说，他曾因自己腼腆的面容和温柔的良心而羞耻；他忏悔说，他常常谎称自己已犯某罪，以此获得犯罪同伙的认同，免遭排斥……你的仆人奥古斯丁深谙你的怜惜，他对你说"主啊，你宽恕了我所犯之罪，你也宽恕了我仅因你的怜惜而未犯之罪。"他的意思是说，我们内心犯罪的倾向让我们罹犯这些罪，甚至这倾向也需要你的怜惜，他把这怜惜叫做宽恕。

纵观多恩的诸多文字，其思辨性深受奥古斯丁的文风影响，无论在文本风格，还是思维方式及内容，多恩都带有明显的奥古斯丁的痕迹。而且他们两人之间的生活经历也有颇多相似之处。从多恩对奥古斯丁的深厚情感看来，多恩对天主教没有敌意。同时，多恩与奥古斯丁在人类的罪性、苦难的作用和对上帝恩典的全然依靠等方面达到了高度的一致。多恩对情感的表达又完全处于英国国教的体系当中。

第二节 对"仕途说"的思考

多恩家族因天主教深受迫害，多恩本人又在很长的时间生活困顿，空有才干，难以施展，在这种情况下，多恩由天主教改为当时在英国社会处于强势的英国国教，就引起了一些猜测，认为多恩通过改教接近宫廷，结识贵族，目的是踏上仕途之路。

1995年，多恩研究学者Flynn认为，对于那些将多恩把宗教当作仕途道路的阶梯和改善经济环境的窘况的人而言，需要重新考虑一些问题。[6]他强调在多恩出生之前，他的家族与贵族阶层关系就很密切，多恩与宫廷长期保持着密切的联系，作者暗示多恩并非为了仕途通达才去接近宫廷，不需要一定借着改宗来图谋发展。事实上，多恩改宗后依然贫病交加。1607年，多恩曾有机会到国教供职，但他拒绝就任。詹姆斯国王非常欣赏他，认为他能成为一位卓越的教士，便下令不许多恩以其他形式为他效命，逼他出任教职。几番踌躇之后，多恩在1615年才做了国教牧师，在林肯法律协会宣讲神学，多恩的渊博学识和演说才华终于可以施展。1621年，他被任命为圣保罗大教堂的教长。多恩传记作者斯塔布斯(Stubbs)断言，"多恩绝不是为了物质上的利益或好处才皈依国教的"，而是随着阅历增长，其信念自然发生转变；其中16世纪90年代后期的随军远征尤为关键，这使他把自己和民族、国家紧密联系起来，从而疏离天主教。[7]

多恩改宗时期，是詹姆士一世当政。新教徒曾经请求皇帝改革教会，但詹姆士一世只是允许他们新译圣经，这就是著名的圣经钦定本。由于詹姆斯一世想恢复天主教，并宣称"不要主教就是不要国王"，遭到了许多清教徒的反对，但他并没有对议会中的清教徒做出太大的逼迫。百度百科中有关詹姆士一世的词条中这样写道："詹姆士一世是作为一个加尔文派被抚育成人的，因此他开始同情清教徒。他还在收到清教徒代表人物的请愿书后召集并主持了清教徒和主教参加的会议，并打算向清教徒让步。但是当清教徒要求废除主教制度后他也被激怒，他为此发表了'没有主教就没有国王'的名言，他下令重新翻译圣经，这就是后来钦定本圣经，又叫詹姆士一世的圣经。总体上来说他对宗教的态度是宽容的。"此时的天主教，并未像多恩的父母时代遭受逼迫，也没有受到宫廷的排斥。多恩迫于环境为了仕途改宗的说法就有点牵强了。

多恩在1610年和1611年写了两部与天主教相关的小册子《伪殉教士》和《伊戈纳修斯，其教皇选举会议》。《伪殉教士》写于罗马和伦敦关系极其紧张之时。1610年他接受了德鲁里爵士的资助，并受到国王詹姆斯一世的赏识。在国王的示意下，他撰写了《伪殉教士》(1610)一文，攻击天主教，承认王权的绝对权威，多恩试图说服英国的天主教徒在精神层面保持对罗马天主教的忠诚之时，也能够同时效忠英国皇室而避免迫害。多恩以自己在天主教的家庭中长大，后成为一名律师为例子，从基督教的文明起始说起，根据教规和现有的民法，探讨国家与教会的关系。多恩用历史事实来对照当下的英国现状，证明在中世纪乃至当下进退维谷的情况下，在忠诚上采取折中是可以接受的。因此，多恩从天主教转入基督教，不是因为教义的问题，里面有政治元素，但这个政治元素，很大的可能是为了让英国的天主教徒免遭迫害，和多恩本人的"仕途"无关。

从这里我们可以看出，多恩从天主教转为英国国教，是一个理性的思维过程。圣经中多次提到要顺服掌权者："你要提醒众人，叫他们顺服做官的，掌权的，遵他的命，预备行各样的善事。"（提多书：3：1）以及"你们为主的缘故，要顺服人的一切制度，或是在上的君王，或是君王所派罚恶赏善的臣宰"（彼得前书：2：13-15）。多恩从小在基督教环境下长大，对圣经经文十分熟悉。遵从圣经教导，顺服皇权，在多恩看来，十分合理，因为"没有权柄不是出于上帝的"（罗马书：13：1）。

第三节 对"被迫说"的思考

在《灵魂幸存者》中,杨腓力通过对多恩成长背景的简略描述,让我们看到后来多恩转入英国国教的社会环境的合理性。[8]在天主教遭遇逼迫的日子里,多恩的家庭因天主教背景倍受折磨,他们不能担任圣职,为参加弥撒被罚款,因信仰而受刑罚。多恩从牛津、剑桥毕业以后,受他的宗教的牵连而被拒绝授予学位。他的哥哥因为一个祭司提供庇护而被捕入狱,并死于狱中。年少的多恩以反叛所有宗教作为回应。一个时期,他选择游戏人生,最后,沉重的罪疚感将他撕裂,他弃绝混乱不堪的人生而选择婚姻。他娶了一位为他的生活带来阳光的十七岁少女——安妮·莫尔,生活掀开了新的一页。正当多恩开始享受生活的快乐时,苦难出乎意料地到来了。安妮·莫尔的父亲决定惩罚这个他以为配不上他女儿的女婿。他辞退了多恩为一位贵族担任秘书的工作,将他和为他主持婚礼的牧师投入监狱。出监之后,多恩无法在詹姆士王的宫廷中服务,他很难找到机会实现自己曾经远大的抱负。在后来将近10年的时间里,多恩生活困顿,收入不定,很可能因为营养不良,患上了多种病症,而他们的孩子,却以每年一个的速度生下来,使原本狭窄的空间更加拥挤,原本穷困的生活更加潦倒。那犹如行在幽谷中的10年,实在是多恩的旷野生活,他在其中煎熬着,忍耐着,也挣扎着,充满了无奈的痛苦和难以实现宏愿的苦闷,也倍觉人之脆弱,世界的冷漠,生活的凄凉。这期间他最长的一份工作是写一篇论自杀好处的长文。多恩就在这样的背景下皈依了英国国教。42岁时,他决心寻求圣公会的按立,结果闹得满城风雨,"当时的人为他'为了方便而改宗派'窃窃私语,并嘲笑他其实是'希望成为威尼斯的大使,而不是上帝的大使'。但邓恩认为那是一个真实的呼召"[9]。他从剑桥获得了神学博士的学位,承诺为了牧师的职分放下他的诗作,把他自己完全奉献给牧养教会的事工。

其实,多恩对于不同教会的思考已经很久,从大学时期的研读让他看到不同教会的本质是相同的，并且据 H·J·C·格瑞厄森所言，在 1598 年多恩进入伊格顿的部门之前，多恩在外表上已接受国教。可见，1598—1615 年的 17 年间，多恩对这个问题有深入细致的思考，接受英国国教的圣职是长期理性思考的结果。

在《沉思录》第十四章的"自我勉励"中，笔者看到了这样的文字：

> 哦，哦，我的上帝，我至高无上的上帝，那是可怕的紧要关头，是可畏的象征时刻，其时我们殚精竭虑，试图研究、探寻和发现：什么日子最适合背弃你；有人会说：新的宗教存在于世界的中立状态，而这是我的日子，是解放的日子；有人会说：现在，藉助改宗，我会结交新朋友，这是我的日子，是取得进展的日子。然而，哦我的上帝，愿我能像你的仆人雅各（Jacob），像他那样拥有圣洁的勇气，虽然你让他扭了腿，但他不放你走，除非你给他一个祝福；让我此刻跟他一样勇敢，不放你走……

如上所言，多恩的改宗，是他生命中取得进展的日子，这个日子，和新的社交圈——"结识新朋友"没有关系，多恩希望自己能够如同雅各，虽然在与上帝摔跤时被上帝扭了腿，却勇敢地对上帝说："你不给我祝福，我就不放你走。"[10] 因着这次和上帝角力，雅各从此改名叫以色列，进入人生新的阶段。多恩在此刻将自己隐喻为雅各，愿意带着雅各那样的勇敢，无视人的闲言碎语，鼓足圣洁的勇气，走前面的路。多恩的改宗，准确地说，是"移门"，是一个自主的选择。

多恩的人生转折，发生于他皈依新教那一刻，而"这也是一场革新运动，它发自多恩灵魂深处，使其思想、生活、创作全面发生改观"[11]。多恩将"改宗"看作是自己的一个生日。在开篇写给查尔斯王子的献词中，多恩提到自己一生有三个生日，第二个生日是进入教会事奉获得的新生，对此，他特别写道："在我的第二个生日，殿下您的父王亲手加赐予我，不仅支持，也善加引导。"表明了多恩这一次人生转折在其一生中的重大意义，这次改宗，是多恩的一次重生。

参考文献：

[1] 约翰·多恩. 丧钟为谁而鸣：生死边缘的沉思录 [M]. 林和生，译. 北京：新星出版社，2009.3：9.

[2] Doebler, Bettie Anne, "Rooted Sorrow":Dying in Early Modern England. Rutherford, N.J.: Fairleigh Dickinson University Press; London: Associated University Presses, 1994, P11.

[3] G rierson, H. J. C, *The Poems of John Donne*, Oxford, Clarendon Press, 1912.

[4] Alison Shell & Arnold Hunt, *The Cambridge Companion to John Donne*, Cambridge University Press, 2006, P67.

[5] Mary Arshagouni Papazian, *John Donne and the Protestant Reformation: New Perspectives*; Wayne State University Press, 2003, P79.

[6] Flynn, Dennis, *John Donne and the Ancient Catholic Nobility*, Bloomington: Indiana University Press, 1995. viii, P245.

[7] John Stubbs, *Donne, The Reformed Soul*, Penguin; Reprint edition, 2007. P403.

[8] 杨腓力. 灵魂幸存者 [M]. 许立中，译. 海口：海南出版社，2010：226.

[9] 同上。

[10]《圣经》和合本，中国基督教协会，2007年，"创世记"32：26，P32。

[11] 萧莎. 圣坛上的玄学诗人 [J]. 外国文学评论，2007（1）：156.

第三部分 《沉思录》与其他文本

历史长河的智慧之光

总能 呼应先师

昭启后继

第六章　孤岛意识与人物隐喻
——与《鲁宾逊漂流记》比较

多恩的《沉思录》与笛福的《鲁宾逊漂流记》中间虽隔了一个世纪，但这两本同样以圣经为潜文本的文学作品，虽然体裁不同，却在解读史上都给后来的评论家带来了极大的挑战。多恩与笛福身上相同的清教精神，又使得他们两人无论在主题还是修辞上都显示了明显的共性。《沉思录》虽是灵修文学，有人将它看作"心灵哲语"，有人将它当作"自传"，有人认为是多恩版的心灵"忏悔录"或长篇"祈祷文"，也有人看作是多恩的"病中日记"。如此多的解读可能，显示了《沉思录》内容的丰富复杂和多维意识。

《鲁宾逊漂流记》自18世纪问世以来，一直都是众多学者研究的热点。围绕着鲁宾逊这位传奇英雄，国内学者呈现出多种解读角度。从早前将其视作资产阶级上升时期的时代精神的文本解读[1]，到现在从文化和意识形态进行的多方位思考[2]，每一种解读都增添了鲁宾逊角色内涵的丰富。这部小说同时有多层含义，这些含义又很不相同，给读者留下了许多难解的问题。这是一本心灵的自传，是旅行者的叙述，独立奋斗者的乌托邦，政治和经济的寓言。这一切在现实主义的表层下融为一体，给我们提供了一个有多种解释可能的文本。

我们知道作者笛福具有清教背景，因此并不奇怪其作品的宗教烙印。本书出版不久后有一个缩写本删除了有关信仰和道德的内容，对此，笛福在这本小说续篇的前言指责说，缩写本把原作的一个核心方面阉割了。[3] 这是笛福本人针对这部作品所表明的观点，其核心词为"信仰和道德"。同时，在这部小说中几乎每次重大情节的出现，都离不开"上帝"的参与。据不完全统计，与悔改相关的词汇在全书出现了十几次，"上帝"一词的频率更高，接近160次。集多重身份为一身的鲁宾逊，作为荒岛的开拓者和心灵的求索者，困境时的自助者和险境时的救助者，诸多不同的身份矛盾而和谐地统一在他身上。随着他自身角色的变换，鲁宾逊与他人的关系，也在与潜在文本圣经的参照中以隐喻形式表现出来，而这个隐喻过程充满了宗教的神秘色彩和象征意义，揭秘这个关系的过程在一定程度就是靠近笛福创作意图的过程。

笔者在阅读《沉思录》时，直接和鲁宾逊联系起来的是多恩说的一句名言："没有人是一座孤岛"。讲这句话时，多恩正在"孤岛"——他的病榻之上。这个"孤岛"没有将多恩隔离，教堂的钟声将他与群体联系起来，他用思想和外面的世界交流，却使他自己的心灵得到慰藉，一颗本来应该哀怨叹息的心充满了感恩的满足。在这片小小的孤岛之上，多恩完成了一次心灵的涅槃，原本捆绑他束缚他的病榻成为生命成圣的祭坛。多恩的孤岛经历是人生的一次悲惨事件，却平安度过：他出乎意料地痊愈了，在他准备赴死的时候，命运之神医治了他。鲁宾逊的孤岛经历是一次意外事件，也以得救结尾，算是美满结局，但中间是27年的奋斗历程。孤岛也成为鲁宾逊的人生学校，在这个学校里，他开始和自己相处，为自己服务。慢慢地，他的周围形成一个群体，这是一个多么特别的群体，他尝试交流，也培养他人与自己的交流能力。同时，他用自己的心灵与上帝沟通，孤岛特别的环境为他提供深入思考的可能。和多恩一样，鲁宾逊也是天性喜悦融入群体满怀抱负之人，充满冒险的激情，但在这与世隔绝天高地远之地，鲁宾逊劳动并思索着。作者笛福将主人公置于荒岛这样一个语境中，使得他的创作意图得以完全体现。无论评论家们从怎样的角度解读笛福创作鲁宾逊这样一个人物的目的，当我们以"孤岛"作为思考的基础和起点，就会接近笛福所想表达的思想。笛福所想表达的各种意识,都建立在孤岛的背景上。

第一节　原罪与悔罪的意识

罪与罚是众多英美文学作品中的母题。李晓卫在"多元文化视野中的鲁滨逊形象"一文中认为鲁宾逊的性格发展过程"包含着一个具有宗教意义的隐形结构:犯罪—惩罚—赎罪—得救。鲁宾逊从离家去航海冒险到最后从荒岛上归来的整个过程,似乎就是基督教中宣扬的人类始祖亚当和夏娃从失乐园到复乐园全部经历的演绎"[4]。为了阐明向上帝悔罪的主题,笛福在小说开始不久即引用了约拿的故事:"你这次尝试出海,老天爷已经让你看到你的前景了,你若再一意孤行,不会有好结果。我们这次大难临头,也许正是你带给我们的,就像约拿在他的船上一样。"而圣经中的约拿,正是不肯顺服上帝让他去尼尼微的呼召,而被大鱼吞入腹中,在鱼腹中过了三天暗无天日的生活。当他向上帝悔改之后,上帝吩咐大鱼将他吐到岸上。小说的尾部与上文遥相呼应:"就拿我自己来说吧,正是因为我不满足于自己的生活环境,无论如何不肯听从父亲的忠告——我认为,我有悖父训,实为我的'原罪',再加上我后来又不断地犯同样的错误,才使自己落入今天这孤寂悲惨的境地。""原罪"即指始祖违背上帝的命令而犯罪所遗留的罪性。鲁宾逊在违背父旨流落荒岛之后的漫长岁月里,常常陷入对以往经历的懊悔之中,后悔自己没有听从父言。而回归上帝,则画出了他生命的新旧界线。

鲁宾逊在荒岛上的首次悔改与他"患病"的"被罚"密切相关:"我生病的第二天和第三天,自责压得我透不过气来。在良心的谴责下浑身发热的我,不由得祈祷起来。然而,这种祈祷,既无良好的愿望,也不抱任何希望,只是恐惧和痛苦重压下的呼喊。这时,我心烦意乱,深感自己罪孽深重……"由于疾病,他开始阅读拯救灵魂的药物——圣经。在圣经的光照下,他开始悔罪:"我兴奋地高喊:'耶稣,你被上帝举为君王和救主,请赐给我悔改的心吧!'这是我有生以来第一次真正的祈祷,因为我这次祈祷与我自己的境遇联系了起来，向上帝捧出了我的真心。我希望上帝能听到我的祈祷并接受我的忏悔。"在真实的悔改中，他也更加深刻地理解了"拯救"的含义：过去他所理解的拯救，就是把他从目前的困境中拯救出来，而现在，他深深感到，真正的拯救，是救他的灵魂脱离罪恶。他认为与灵魂获救相比，肉体的获救实在无足轻重。刘恋在"另类生存与'根'的疑惑"一文中写道："我们不难得出鲁宾逊的罪恶感与《圣经》当中对于人类原罪的描述是极其相似的。'被罚'的鲁滨逊在荒岛上重建文明秩序的同时，正是依靠着《圣经》不断消除内心的罪恶感，而上帝则成为他精神溯求的源泉。"[5]

当救恩进入鲁宾逊的心灵之后，我们首先看到他对自我的否定、对自我中旧有意识的抛弃、对圣洁的渴望以及对信仰的虔诚，从而逐渐进入到得胜的境界。这样的心灵轨迹，使鲁宾逊具有了探索者的身份，产生了道德先导的作用。对不明白的问题，通过自己的质询、求助，表明了自己既愿意依靠上帝，同时心存敬畏的心理特征。通过与上帝不断地摔跤，实际上是他自己的"人之思想"与上帝的"神之作为"在灵魂中的碰撞，更加明白他所有的挣扎都不如把自己放在上帝的手中。因此，他和上帝的关系与其说是在心灵中对话的关系，不如说是前者对后者依靠顺服的关系。

既然这部小说包含着强烈的反思和否定精神，这就意味着"忏悔"的内容给这部作品添加了哲思的理性特点，体现出精神探索的强烈特征。从全篇的主旨可以看出，主人公的"悔改"既是对自身"罪"的抛弃，更是直接向上帝所做的"精神承诺"，这应是这部巨著的思想逻辑起点。

从精神探索的角度而言，鲁宾逊与多恩取得了高度的一致。并且在这一方面，共用了"哲思"、"理性"、"弃绝自我"、"悔改更新"等关键词。鲁宾逊所拥有的心灵探索者的身份，同样适用于多恩。达到了跨越时空的灵性契合。

第二节 人性对神性的皈依

多恩在病榻之上回忆起年轻时的光景时，深感懊悔。他在不断的自省中反思，面对自己人性中的许多困惑，多恩渴望找出简单直接的答案，整个《沉思录》充满了自我否定的意识。从情节而言，《沉思录》相对单一，而《鲁宾逊漂流记》中的情节更为复杂。鲁宾逊的悔改意识，具有强烈的挣扎特点，面对心灵向善的呼召，有时他选择逃避，以此来对抗良心的谴责："我发现，虽然有时我也会想起那些忏悔与反省，但我却竭力想摆脱它们，努力使自己振作起来。因此，我和水手们一起喝酒胡闹。就这样很快，我就控制了自己的冲动，并将它强压下去。几天之后我便战胜了自己，不再受良心的谴责。"他极力劝说自己，却在属世的情欲和心灵的约束之间来回摇摆。然而，就在心灵的挣扎与冲突中，鲁宾逊却犹如破茧的蝴蝶，获得了极大的自由和释放："我当前生活依然很艰苦，但精神却很好。由于读圣经做祈祷，我内心得到了宽慰，思想也变得纯洁了。同时健康和体力也得到恢复，我振作起精神，恢复正常的生活与工作。"通过追念上帝赐给他的种种恩惠，他深感如果没有上帝的恩典，他可能会更加孤苦伶仃无以为生。通过读圣经，他在孤单的生活中得到了快乐和满足："我知道尽管目前的生活很孤单，但即使生活在人群中也并不比现在幸福。上帝无时无刻不在我身边，每时每刻都在与我的灵魂交流……尽管我目前处境不幸，但我过去的生活却是充满罪恶，让人诅咒的。在彻底改变了对忧愁和欢乐的看法之后，我的愿望也不尽相同，我的爱好和兴趣通通都变了。"此时的鲁宾逊终于从心灵的各样冲突里，经过自我否定的窄径，完成了一个对"自我的更新"到对"旧我的摒弃"的过程。

笛福将鲁宾逊作为人类的标本，将荒岛作为一个特别的语境，使得自我认知的结果获得了心灵内核的阐释。多恩将自己作为标本，将病房作为特殊背景，剖析自身，完成心灵的超越。"荒岛"作为故事的发生地，成为了一个象征。起初，它被命名为"绝望岛"，最后成为充满希望的福地，体现出"旧我的拆毁"和"新我的建造"过程。鲁宾逊初上岛时，立了一个大十字架，而十字架恰恰具有死而后生之意。主人公的名字 Crusoe 字面意义即为"十字架"。[6] 通过发掘贯通在小说中的信仰的内在线索，我们发现笛福的意图是在告诉读者上帝在鲁宾逊生命中的参与，使他成就了一部荒岛上的心灵炼净史。

就鲁宾逊本人而言，因着心灵被改变，他从一个"罪人"变成了"义人"，从荒岛的"落难者"变成了"得胜者"，从"被救者"变成了"施救者"，荒岛的经历虽然是个体的，但也是人类面对生命意义的共有，具有广泛的代表性。当他忏悔的时候，是在向一个绝对权威的"他者"求助，意味着他心灵的转向，隐含着鲁宾逊个人成长史中的文化转型，标志着他在荒岛上作为自然人向社会人过渡的巨大转变。

相比之下，多恩从一个病床上无能为力的孤独的"自然人"向"社会人"转变的标志是作者借着死亡的钟声对人类关系的思考，是多恩意识中的社会性而不是个体性发挥了连接的作用。鲁宾逊居住的荒岛，因着他的努力，生长出牛羊菜蔬；因着他的救助，出现了人丁兴旺的局面，荒岛逐渐成为兴盛之地。多恩笔下的孤岛，因着他对自我的摒弃，而产生爱的联结，他想到别人的死就是自己的死，一块泥土被水冲掉，整个欧洲大陆就会变小，任何人的损失都和自己有关，任何人的痛苦都是自己的痛苦。他不再自怨自艾，反而看到许多比他更需要帮助的人，感恩替代了怨尤。他的心随着自己的思想而飞出病室，在对旧我终结的钟声里进入新我的宏阔天地。

第三节 人物关系的隐喻

小说的背景和主人公，常常成为评论一部小说的思考基础和关注焦点。而小说中的"人物关系"，更被视作构成作品情节最重要的环节。从外在的向度推进到心灵的向度，我们发现在一个"蒙难"故事之后更深的意义。在面对死亡时，作者在与上帝的角力中思考人之存在的根本意义，人的地位和价值存在于人与自性、人与人的本真关系之中，而这些关系，在鲁宾逊的生活中，是和人与上帝的关系息息相关的。这种种身份的矛盾统一，既实验在他自身，又反射在与他人的关系上。因此，这部小说的人物关系，具有构造于灵性空间的特点，有着较强的隐喻性。

鲁宾逊与书中主要角色关系具有冲突与包容、训诫与悖逆、坦诚与疑惑等相对又相容的特点，人性的挣扎与神性的彰显交织在其中。让我们能够感受到这些关系的建立基础，远远超出了亲情和友情的概念。一切原本存在于情感范畴的冲突，最后都在更大的灵性空间内得到化解。而这一切，并非主人公刻意所为，而是因着自身心灵的变化而自然产生的结果。

一、父亲与鲁宾逊的关系

在这部小说中，我们可以读到主人公的父亲对其一味冒险行为的劝教，也可以读到不听父言所招致不良后果之后主人公的忏悔。在我们对这个小说文本细读的过程中，可以发现父亲与鲁宾逊的关系——管教与被管教的关系，与圣经中上帝与人的关系非常相似。

小说一开始，主人公的父亲竭力阻止他去航海，但鲁宾逊不从父命。父亲很伤心，认为鲁宾逊把自己从最幸福的人变成最不幸的人。而违背父亲也常常在下文中被鲁宾逊看作是灾难的根源："每当我们的船跌入旋涡时，我就想我们定会葬身海底。我惊恐至极，并发誓，只要上帝留我一命，我立刻回到父亲身边放弃航海。我一定听父亲的话，再也不自找麻烦。"在小说中作者还引用一位老人的话这样写道："事后他又认真地与我谈了一番，劝我回到父亲身边，不要违背天意。'年轻人'，他说，'相信我的话，你若不回家，不论你走到哪里，你都要受苦受难。到那时，你父亲的话就会在你身上应验了。'" 从上述的文字中，我们发现"上帝"、"天意"与"父亲"这些词往往是连在一起的。对父亲的承诺实际上也是对上帝的承诺。回到父亲的身边实际上就是顺应"天意"。

为了进一步说明这部小说浪子回归的意图，作者笛福这样写道："当时，如果我还有头脑，就应回到赫尔，回到家里。那样我一定会非常幸福。我父亲也会像耶稣讲道中所说的那个寓言中的父亲一样，杀肥羊迎接我这回头的浪子。""浪子回头"的故事记载在圣经"路加福音"第15章，一个儿子从父亲那里得到家业之后，就去了远方，在那里任意放荡，浪费资财。然而，当他悔悟过来，回到家中，父亲却热情地拥抱了他，并为这个失而复得的孩子预备了最好的宴席。这则寓言里的父亲，传统的解经家都认为代表着上帝。对不听父言的懊悔和在上帝面前的悔罪，常常在书中交替出现，又常常互为因果：因为不听父言所以得罪上帝，因为远离上帝，所以违背父亲。"我想起了父母的忠告，父亲的眼泪，母亲的祈求，我突然间良心发现，谴责起自己来：我应该听别人的忠告，坚守对上帝和父亲的天职。""对上帝和父亲的天职"让我们可以清楚地知道在主人公的心中，上帝和父亲其实具有同样的意义。当他不停地向父亲表示悔意之时，实际上是在向上帝表达忏悔之心。

二、鲁宾逊与星期五的关系

鲁宾逊与星期五的关系是这本小说中最引人注目的一对关系，常常被学者们定义为"主仆"关系，经常被引用的例证就是星期五称鲁宾逊为"主人"。但是当我们细读文本，将书中有关两人的关系进行综观，不得不认为鲁宾逊与星期五之间的主仆关系，实在非同寻常，鲁宾逊对星期五有救命之恩，施教之惠，关怀之德。除主仆关系之外，鲁宾逊既是星期五的师长，也是他的知心好友。而这一切，实际上也同样隐喻了圣经中基督与基督徒的关系。

对于星期五而言，鲁宾逊无疑是他的救赎者，他不仅救星期五脱离了一场追杀，拯救了他的身体，而且在鲁宾逊自己看来，也"拯救"了他的灵魂，使他成为基督徒。鲁宾逊给这个奴隶起名"星期五"，是因为在星期五那天救了他。但熟悉圣经的人都知道，耶稣上十字架的那天正是星期五，就是在这一天，按照圣经的记载，耶稣舍去自己的性命，为众人的罪死在十字架上。也就是在这一天，鲁宾逊冒着生命危险，将星期五从食人族的刀下救了出来。我们有理由认为，星期五也可以被看作一个救赎的隐喻。鲁宾逊和星期五的关系，是拯救与被拯救的关系，进而成为主仆关系，正如圣经所表明的，耶稣所救赎的，就归入他的名下。而星期五对鲁宾逊，也恰恰表现出一个被救赎者对主人的应有态度："他对我像儿子对父亲那样忠诚。我可以毫不夸张地说，无论何时何地，他都宁愿牺牲自己的生命来保护我。后来，他的许多表现都证实了这一点，并使我对此毫不怀疑。"但是随着小说情节的发展，我们发现他们的关系，不仅仅是主仆，乃是高过主仆。鲁宾逊用羊皮给星期五做背心，并努力将这件背心做得完美，虽然在他看来，实在是件很难的事。这个情节，让我们看到了鲁宾逊对星期五关怀之细致，爱心之深切。正是因为鲁宾逊对星期五的爱是真实的，使得星期五对主人从起初的惊惧，到后来的信任，一直到绝对忠诚。当他们一同发现了外来之人，鲁宾逊问星期五是否会奋起反抗，星期五回答："你叫我死都行，主人。"

我们不否认鲁宾逊起初是想给自己找个仆人，但鲁宾逊拯救星期五，绝不仅仅为了找一个仆人，这份救人的感动，从原文中看来，则出自上帝："这时候，我脑子里突然产生一个非常强烈的、不可抗拒的欲望：我要找个仆人，现在正是时候，说不定由此我还能找到一个侣伴，一个帮手哩。这分明是上帝在召唤我来拯救这个可怜虫的生命！"鲁宾逊在这里顺服了上帝的呼召，那个被救的星期五果然在日后的生活中成了鲁宾逊的仆人、侣伴、帮手，他们之间的关系也超越了主仆关系的常规概念。

鲁宾逊救了星期五之后，就开始在灵性及各样的知识上开启他。从书中我们得知，鲁宾逊教导星期五，不是因为他认为自己有资格来"开化"对方，也非"好为人师"，从原文中也看不出他肩负着将星期五"殖民"的民族重任，他所做的一切，用他自己的话说，是出自上帝的启示："每当我想到，在这孤寂的生活中，我不但自己靠近了上帝，靠近了造物主，而且还受到了上帝的启示，去挽救一个可怜野人的生命与灵魂……每当想到这里，我的灵魂深处便充满快乐和幸福，这是一种真正的快乐，是用心感受到的欢愉。"从这些言词中我们可以清楚地知道，鲁宾逊此时的发自内心的快乐，在于他将星期五带到了上帝的面前，这个收获是如此巨大，如此意义非凡，以至他的思想和起初相比产生了翻天覆地的变化，原来他以为流落到荒岛是一场巨大灾难，而现在则认为"这实在是一件很值得庆幸的事"。星期五的皈依上帝带给鲁宾逊的愉悦，让鲁宾逊以往遭受的一切苦难变得微不足道。当岛上的人越来越多，鲁宾逊与那些被他所救的人一同劳动："我还想到应尽量多养些羊，以便供更多的人食用。为此，我将星期五和那西班牙人分为一组，我和星期五的父亲为一组，两组人员轮流出动进行捕猎……"此时的鲁宾逊读来更像为朋友主事的管家。刘建军认为，一个社会中谁说了算，谁是领导人，并不是靠武力打出来的，也不能靠篡位的阴谋而获得，而必是大家同意了才能算数，即必须是符合人心的，而这个符合人心是符合人的最基本的生存欲望和要求。[7] 所以，这是自然人的本能在政治上的体现。鲁宾逊在小说的末尾，成为所救众人的首领，以自己的劳动，为所救的众人提供了必要的生存保障，他成为一个荒岛上的"国王"，当是众心使然。

多恩的《沉思录》中所出现的人物，不仅具有外在的身份，比如国王、医生等等，同时具有内在的隐喻。当多恩在病重的时刻，国王派来御医，多恩看着钱币上国王的形象，认为此刻，国王拥有了上帝的形象，打上了上帝的烙印。他认为国王所提供的帮助，是来自上帝的希望之光，借着国王照在他身上。过往的帮助不是别的，是上帝话语的回响，借着国王临到。多恩也谈到他的医生，同样有着丰富的灵性含义。因为作为这个世界的医生，对他的病会束手无策，还会给他带来恐慌，但是，上帝，这天国的医生，不仅有能力医治他的肉体，而且还会赐他医治灵魂的药物。他在病中，也借着圣经中的大卫王、以利亚、约伯等人来隐喻自己在疾病中不同的心灵状况，以揭示自我意识中不同状态。

文学的研究常常伴随着社会使命。和多恩在生命的"孤岛"上阐述的感悟一样，鲁宾逊的荒岛经历不应被看作一个"个体事件"，他对罪的悔改不仅针对自身，也是人类命运的一个缩影。正是鲁宾逊心灵的新生以及所产生的相关果效，他努力的硕果和日益增添的感恩与满足，让其在孤岛上乐不思蜀。伊恩·怀特曾在《小说的兴起》一书中认为，鲁宾逊·克鲁索长期辛苦得来的这些利益是一种约伯式的补偿，而在这种补偿后面我们则看到了造物主的手。伊恩·怀特在此看到的是上帝的手在补偿鲁宾逊，而不是鲁宾逊自己的手。但是，他将鲁宾逊的受苦和约伯的受苦等同起来，在笔者看来是不妥的。在圣经"约伯记"中，上帝称约伯是个义人，约伯的苦难实际上是在解释"义人为何受苦"这个问题；而鲁宾逊的受苦则是因为自己不肯顺服父亲，即不肯顺服上帝带来的结果。伴随着他对上帝的顺从，原本存其内心的人性的挣扎逐渐臣服于神性的彰显中，使得人性与神性在一定程度达到了和谐统一。

参考文献：

[1] 夏祖煃、王佐良. 英国文学名篇选注 [M]. 北京：商务印书馆，1987：338.

[2] 常耀信. 英国文学简史. 天津：南开大学出版社，2006：144-146.

[3] 黄梅. "下海"，浮沉和悔罪——漫话笛福漂流记 [J]. 读书，1996（2）.

[4] 李晓卫. 多元文化视野中的鲁滨逊形象 [J]. 甘肃社会科学，2006（2）.

[5] 刘恋. "另类"生存与"根"的疑惑——由《礼拜五》到《鲁滨逊漂流记》的往复阅读 [J]. 中国比较文学，2003（1）.

[6] 彼得·休姆. 鲁宾逊·克鲁索与星期五 [D]. 陶家俊，译. // 张中载，赵国新编. 文本·文论——英美文学名著重读 [M]. 北京：外语教学与研究出版社，2004.

[7] 刘建军. 奥古斯丁《忏悔录》的文化意蕴分析 [J]. 吉林师范大学学报（人文社会科学版），2010（2）.

注：本文中《鲁宾逊漂流记》的译文均出自韩雪的译本，哈尔滨出版社2006年版。

第七章　共有的敬虔与孤独
——与狄金森诗歌的比较

多恩与狄金森的文学命运，有着一定的相似性。多恩虽然在世期间已颇有声名，但此后诗名浮沉，不同的评论家对多恩的评价呈现出两极化的特点：既是浪子，又是圣徒；既有惊世之才，又有炫耀学问之嫌；曾是戏院常客，后成心灵导师；既有玩世不恭，又有敬虔深邃……如此多的矛盾，造成读者眼中的多面多恩，使人又恨又爱，他的爱情诗，不谈情，却说理，他的神学诗，充满灵与肉的冲突，迷茫与希望共存。他的作品将人性的困惑和生存的困境与玄学的巧智紧密结合，吸引读者与其一道在各样的迷乱中探索。身处19世纪的狄金森，一生诗作颇丰，却只在生前发表了寥寥数首。与《沉思录》中的多恩一样，狄金森也生活在孤独的境地之中，但这种孤独，却成为她诗歌的特点。与孤独相关的一切，成为她诗歌的财富。虽然她的孤独原因与多恩不同：多恩是"被孤独"，他的孤独如今看来，是命运给他提供的心灵功课。而狄金森的孤独，是自己选择的孤独。从一开始，狄金森的诗就是写给少部分人看的，所以她的诗远离尘嚣，不世俗，不媚俗，独有一番清冷的气质。多恩的《沉思录》也不是给大众看的，他与狄金森在各自独特的环境中所发出的声音，有着共同的真挚和真实。因为环境的束缚，他们内视的眼睛格外明亮，他们给困境中的诗性注入哲思的深幽复杂和内在的逻辑和理性。17世纪的多恩，被20世纪的现代派诗人艾略特推崇备至，狄金森在孤寂时写的诗，蕴含着与生俱来的敏锐和丰富的联想意识，众多的隐喻及其他的修辞手段使她成为美国诗歌史上现代诗歌的开山人物，而多恩也未曾想到，他被归为"玄学派"，并被认为是"鼻祖"。

在我们已经对多恩的《沉思录》的自我意识和修辞有所了解的前提下，看一看狄金森诗歌中在这个范畴中的表现，思考他们共性的存在原因，也会加深我们对诗歌现代性中生命意识的理解。

第一节 诗性的内敛与自省

狄金森的时代，清教主义思想日渐衰微又余威犹在，后浪漫主义气息奄奄又无以为继。摆脱了殖民统治、解除了蓄奴制枷锁的美国，在工商业腾飞的同时，作为前宗主国大不列颠文学支流而存在的美国文学也迫切需要"用自己的脚走路"，"讲出自己的思想"。（爱默生）无疑，这是一个需要新意的时代，但是，"时代精神从不自动地、必然地、普遍地在每一个诗人或作家笔下显现，而总是首先附丽于比较敏感的，或是其独特个性倾向恰巧和历史流向一致的少数人的作品"[1]。就其天性而言，狄金森应属于"少数人"，囿于一隅，她的诗很难从整体上感受到"时代的风暴"，也很难如江枫所言"和历史流向一致"。因此，为诗磨砺一生，生前始终默默无闻，却在她死后的几十年，被人反复品评，深入研究，被认为是"上承浪漫主义余荫，下开现代主义先河"的时代诗歌的代言人，和惠特曼一同成为美国诗歌获得现代风貌的"分水岭"，使爱默生的呼吁成为现实。

一位没有"以表达时代精神为己任"的诗人何以成为那个时代的"诗歌代言人"呢？通读她的诗篇，我们发现，她的视线并未局限于自我禁闭的象牙之塔和狭隘的自我探索，退隐闺中，却没有禁锢她对灵魂深处的内省探求。她的诗，总是在有意无意之间，对生命进行分析，作品中的生命痕迹和生命投影时常潜伏在意象经营和思维展示的皱褶之间，写诗的过程，是个隐而不

显的意义揭秘过程。我们从她对"黎明"的描述中能感受几分:

果真会有个 "黎明"?

是否有天亮这种东西?

我能否越过山头看见,

如果我高与山齐?

是否像睡莲有须根?

是否像小鸟有羽毛?

是否来自著名的国家

为我从不知晓?

哦,学者!哦,水手!

哦,天上的哪位圣人!

请告诉我这小小的漂泊者

那地方何在

它叫"黎明?"

这首诗中,诗者用"果真"、"是否"、"能否"、"如果"等一系列诘问式的词语表明自己的思考,也表明诗者急于获得答案的迫切心情,这样的急迫,首先使一个抽象的话题变得轻松起来,甚至显露出几分童真。然而,当我们细读此诗,却发现作者对"黎明"早有了自己的感受或答案——像睡莲有须根,像小鸟有羽毛,睡莲般的静美新鲜,小鸟般的轻盈可爱。我们甚至可以嗅到睡莲的清香,听到小鸟的啁鸣。我们也逐渐获得了"黎明"的"具象":空气如莲荷般清新的早晨,早醒的鸟儿啁啾不停;睡莲在水面浮动,小鸟在枝头飞翔。正当我们享受着这样的"黎明"时,忽然诗者问道:"那地方何在?"我们才幡然醒悟:原来诗者寻找的,并非我们眼睛所见的"具象",而是"隐象"——心的"黎明"。在一个漂泊者的眼里,何处是心的"黎明"?诗者的"黎明",本就是漂泊不定的,一如她自己的心。

清代文论家叶燮认为,对意象的鉴赏,须"遇之默会意象之表",作者是寄意象外,读者是象外得意;作者是意"呈于象",读者是象"感于目,会于心"。狄金森善用意象,使其诗的内省特质更趋复杂,也使得我们要理解其诗,必须练就"象外得意"的功夫。因为她诗的对象,或悄然出现,或自行隐匿,总是处于或显或隐的状态之中,也由于生活、环境和思想的特殊机缘,狄金森的浪漫精神自始就呈现出含蓄的内在激情,激扬的灵性常常以平静的状态表现出来。"死亡"是她的诗中经常涉及的主题,但她那颗细腻敏感的心捕捉到的死亡诗意浓重,充满了无限生动的个性素质。在"因为我不能停步等候死神"一诗中,死亡从闺中好友幻化成驾车相邀一同出游的绅士,在"马头,朝向永恒"的路上,她写道:"露水使我颤抖而且发凉/因为我的衣裳,只是薄纱/我的披肩,只是绢网。""薄纱"、"绢网"使整首诗变得轻灵飘逸。她用隐而不显的诗句来解除人们的恐惧,向我们展现了一幅宁静的图画。在悼念亡友时,她用这样的诗句表达思念之情:"把她宁静的床榻触动/她辨出我的脚步声/看啊,她穿上了衣衫,一派红艳!"因为深切的友情穿越了死亡的阻隔,在诗人的心中,她的朋友依然活着,这个思念中的相会带给她的,是"一派红艳"的惊喜。

由于狄金森诗歌表现的"内省",事物自然的面貌隐去了,代之以心的图像,无论这个图像是动还是静,都只是内省的外在形式。当我们看到这一点,就会直入其心,找到那把解读的钥匙。正如诗哲里尔克所说,如果这个世界仅仅有可见之域,该是多么不充足,不完满。"但不可见之域的诞生,必然要依赖于人的一种内在的感受性,一种可以称之为灵性的东西。"[2]一个灵性的世界,是人真正的居留之所,在这里,一切属人的东西得到保护。它是我们心灵的气息,我们思想的形态和灵魂中的情感。狄金森诗歌的内省,就体现了这种灵性。

在内省的问题上,狄金森与多恩不谋而合。多恩在《沉思录》中自发的内省意识,既是他哲学思维的习惯使然,又是所在的环境激发。多恩的"内省",既寻求着困境中的意义,又在寻找出离的方式。狄金森的"内省",透着女性的特色，虽有哲思，但伴随着诗意的图景。

第二节　心灵的敬虔与超越

　　一般的文学史和哲学史都把卢梭视为浪漫主义的直接先导，他呼吁拯救人的自然情感，强调人的同情心、友善的情感和崇敬的心情。被评论界认为"上承浪漫主义余荫"的狄金森，在一个工商业迅速发展的新旧转型期，在人的内心常会失去持重的虔敬感的时刻，她的诗之笔端，始终在探索人的心灵状态，没有纵情浪漫的肤浅讴歌，亦无清规戒律的古板说教。将谨严的理性用生动的感性来表达，又加之灵性的深幽轻灵。她的诗中，我们不难感受到敬虔的气氛：

埋在坟墓里的人

是否会同样腐朽？

我却相信有一类

肯定还活着

⋯⋯⋯⋯⋯

耶稣说过，我告诉你

有这样一种人

不会尝到死的滋味

如果耶稣真诚

我也就无需论证

救世主的话语

无可争辨

他说过，死亡已死去。

人们将选择哪一种哲学，就看他是哪一种人。由于父亲是位虔诚的基督徒，狄金森亦深受其父的影响。虽说一生没有皈依基督教，但字里行间无不流露出基督思想的痕迹。从诗中可以看出，狄金森所祈求的是把美的人性与崇高的人性统一起来。只有通过崇高感，人才能具有神性，超越时空，超越经验自然。在"我为美而死"一诗中，她写道："一个殉真理的烈士／就成了我的近邻／他轻声问我'为什么倒下'？／我回答他'为了美'。／他说：'我为真理，真与美是一体／我们是兄弟'。"美就是真，真就是美。真与美是她诗的根基。

在笔者的眼中，狄金森本身是个晶莹的多面体，不同的角度折射出不同颜色的光，却通体晶莹。她所反映的不同题材中，呈现出不同的美，这不仅在于她擅长刻画美丽，无论是内在的还是外在的，还在于她本身就活在对美的真理的追随中。她从忧伤中发现美，从孤寂中发现美，甚至于琐碎乏味的家务中，也有了几分俏皮的趣味："如果你能在秋季来到／我会用掸子把夏季掸掉／一半轻蔑，一半含笑／象管家妇把苍蝇赶跑。"甚至死亡，在她的笔下，也充满了神秘朦胧的美。当代著名的哲学家 E·贝克曾说，我们的一生都在追求着使自己的那种茫然失措和无能为力的情感沉浸到一种真实可靠的力量的自我超越之源中去。正是攀缘着她对真理的敬虔，狄金森使自己的"茫然失措和无能为力"找到了真实可靠的力量，并在灵性上实现了自我超越。

《沉思录》中多恩的自我超越，是建立在自我否定之上。但这个自我否定，是依据美善的真理而决定的。多恩发现原来的自我的有限和狭窄、罪性和堕落，在追求灵性提升的过程中，他摒弃了原来的自我。狄金森的自我超越，是建立在对美善的追求上，在她看来，追求美，就是追求真理。这种美，形成了狄金森诗歌中表现的崇高感。从技巧上而言，多恩和狄金森都具有现代主义的一些基本特质，多恩被现代派代表诗人艾略特推崇不是没有道理的，两人诗中所表现的矛盾的修辞、意识的碎片感、非确定性、语言的自治性等等，带着许多现代诗歌的烙印。诗歌无论是在语言还是在思维方面都体现出现代风格，究其原因，主要是由他们所处的特别环境造成的。

第三节　孤独的限制与激扬

远离生活沸点的女性世界深幽寂静。对女性而言，与生活保持距离，也许是一种保护自己的方式，孤独的城堡可以放飞自由的灵魂。狄金森是一个远离尘嚣的诗人，因爱情的失意囿于狭小的家的范围，但她从未沉浸在自己无望的爱中哀戚，她有"比天空更辽阔"的头脑。她在诗中，经常弹奏着激扬的乐章：

> 希望是个有羽毛的东西
>
> 它栖息在灵魂里
>
> 唱没有歌词的歌曲
>
> 永远不会停息
>
> ……
>
> 我曾在最陌生的海上
>
> 在最寒冷的陆地，听到，
>
> 它却从不向我索取
>
> 些微的，面包。

再看另一首：

> 我的信念大于山
>
> 所以山崩了
>
> 定会接过紫红轮盘
>
> 为太阳引道
>
> 我岂敢吝惜这

> 关系重大的信念
>
> 免得天塌是由于我
>
> 箍上的铆钉折断。

在诗者心灵的天空，美丽的希望何其轻盈，她优雅地飘飞，不曾落下。这里，我们看到的不仅是一个希望的具象，而且是诗者那双充满憧憬的目光。封闭的环境未能磨灭她的希望，"最寒冷的陆地"未能冻结她的希望，她的希望是从内心射出的光芒，"它栖息在灵魂里"，犹如最亲密的朋友，不仅常伴身旁，而且无偿地给予，从不索取。我们能够感到封闭的环境也未能磨灭她的信念，她的信念大于山。如此的激昂豪放，与她一向的婉约形成鲜明的对比。狄金森在这些诗里，借具象反映抽象，借细小反映宏阔：她的理性总是带着可感知的特征，总是以有音响、有色彩、有质感的形体出现。使不可见的存在的理念实现于感性可见的具体当中，从而在有限的经验中显示出无限的超验性。

狄金森渴望内心自由地释放，渴望发出自己的声音，这份执著也体现在韵律方面，她基本采用四行一节，抑扬格四音步与三音步相间，偶数行压脚韵的赞美诗体。但是，这种简单的形式，她运用起来千变万化，既不完全拘泥音步，也不勉强凑韵，有时干脆无韵，实际上已经发展成一种具有松散结构的自由体。这样的自由体更适宜于表达她内心奔放无束的状态。她厌恶繁文缛节，却赞美一粒快活的石头"以不拘礼的淳朴，履行绝对的义务"。

评论家通常认为，多恩一派的诗人语言通常单纯，但另一方面，句子结构却远非简单，语法则更难。多恩的自我在语言方面的表现，就是出现一些随兴所至的句型，不落窠臼，却给理解者造成难度。也许从一开始，多恩就属于给自己内心写作的人。狄金森和多恩在写作上的自由度，使他们的文本呈现出独特性和超前性。他们写自己，用自己的方式，发出自己的声音。同样是理性，狄金森的理性中散发出知性的魅力，有想象、有情感的温度，而多恩的理性，会把读者带入更深刻的思考。同时，多恩善于将感性的东西进行理性的表达。例如，当多恩感慨人生的善变与坎坷时，他一边发出感性的叹息："哦，可悲的人！""哦，无穷无尽的烦恼！"一边又得出富有理性和逻辑的结论："我们因追逐虚幻的财富而贫穷，因追随错误的知识而昏聩。"多恩作品中的感性只是理性出现的序曲。

第四节 理性与灵性的平衡

内省与激扬同时存在于狄金森的诗中，内省与激扬的矛盾波浪流经虔敬的内核而平抑了许多。在诗中，这两者之间的状态常常是以理性和灵性的关系呈现的。这种理性，不是客观事物的一般经验，而是近乎真理的永恒普遍的模式。诗者渴望乘着灵性的翅膀飞翔，却常常陷落在理性的框架里，她天性中有着非凡的灵性，而现实生活又给了她太多的理性。她的诗中，充满了理性与灵性的碰撞，理性对灵性的求证，理性对灵性的否决，理性对灵性的依从和理性与灵性的契合。狄金森的天才在于她总能探幽取胜，在理性与灵性之间织造出一幅深幽宽广的别样图景。她的灵性常以感性的状态出现，而感性又屈从于理性，"要说出全部的真理，但不能直说／成功之道，在迂回，／我们脆弱的感官承受不了真理／过分华美的宏伟。"有些诗则纯粹是思辨的产物：

> 时间，考验烦恼
> 却不是疗治的药品
> 如果证明能治，也就证明
> 世上，本来无病。

狄金森对时间的思辨表达颇有多恩的特色。在《沉思录》中，多恩常会先说出一种状况，然后又以否认或反问的形式向前推进，再以曲折的方式进行思辨。多恩在《沉思录》第十七章的"自我勉励"中说，天堂是荣耀和喜悦的地方，既然如此，为什么不是荣耀和喜悦的事物引领我们抵达天堂？上帝最初的应许何等丰盛，却带人走了一条规诫和苦修的路。"难道天国的荣耀不够完美，还要尘世的屈辱来映照？天国的喜悦不够圆满，还要尘世的辛酸来衬托？"最后多恩自己又给出答案：事情完全不是这样，天国的荣耀与尘世无关。就这样，多恩提出问题，反思问题，语言一波三折，思维跌宕起伏。我们没有证据证明狄金森读过多恩的诗，如果她读过，这种思辨的承继真是十分到位。

狄金森是位多疑敏感的诗人，是位生怕自己的思想强夺了他人意志的人。这一点，在她给希金森的信中找到了佐证："我知道，除了培养我，你还有许多事情要做，请你，请你自己规定，我可以多长时间请教一次，而不至于造成你的不便。一旦，你为接待我而感到后悔，也就是发现了我不是你所设想的那种材料，你一定要赶走我。"因此，她诗中内省与激扬的矛盾既是客观事物的真实反映，也起因于她的多疑敏感、自我防护及敏锐率真的性情。

从感觉的被动状态到思维和意志的主动状态的转移，只有通过智慧理性的自由中间状态才能完成。在感受着狄金森诗中的理性与灵性时，我深深感到，只有当心灵经验逐渐皈依本源时，灵性与理性的契合才能完成。那时，人的感性冲动不再影响到理性的权限，理性的草木、静候、期待并融入灵性的风霜雨雪，才能长至一棵根深叶茂的树。狄金森的"审美自由的中间状态"在于她给诗注入了"真"的生命。

如果说理性对于狄金森而言，限制了感性的蔓延并拓深了感性的深度，让我们可以思考一位性情中的女人凭着天性中的敏感领悟的人生深度，那么理性对于多恩而言，就是多恩性情的一部分。众所周知，即使是最富浪漫特征的爱情诗，在多恩的笔下，也会用各样的隐喻和思辨把读者的头脑搞糊涂。

第五节 孤独的焦虑与秩序

在某种程度上，孤独似乎成了狄金森的"标签"。她离群索居一生未婚，唯一能反映她心灵状态的就是她留给世人的1 800多首诗歌。因为狄金森的生活状态是孤独的，她的诗中也必然充满了孤独的元素。没有"孤独"的狄金森，不成其为狄金森，缺乏了"孤独元素"的狄金森诗歌，不能成就现在意义的狄金森。从某种意义上讲，"孤独"是洞察狄金森命运的切入点，也是把脉其诗的切入点。对于多恩而言，孤独不仅仅是一种"地域"特征，更是一种心灵状态。在《沉思录》第五章多恩认为，病痛的最大不幸就是孤独，而且孤独是地狱般的折磨。多恩的孤独给他带来的是虚空感，孤独使患者无法过正常的生活，无法享有正当的权力，也脱离了劳动的喜悦。但多恩之为多恩，在于他在常人无法忍受的孤独中为自己开辟了一条思想的道路。他认为由于孤独让人无法做当做的事，因此促人自省，促使人走向团契，他也在孤独中更紧密地向神性靠拢，以此完成孤独特别的价值。

然而，我们在领略狄金森的孤独时，却惊喜地发现这位女性诗人的孤独成分是如此复杂而又迷人。孤独对于狄金森，是诗者宁静愉快的自语，也是苦闷困惑的倾诉。诗者在"享受"孤独时，也用孤独"启示的亮光"引领并照亮了他人，从而达到对孤独的超越。狄金森的孤独，带有丰富的外在色彩，而多恩的孤独，是疾病造成的隔离，是深度内向性的孤独，这样的孤独，也许简单，却带有撕裂般的痛苦。

德里达说孤独是人在世的处境，所谓的沟通只是另一种形式的误解。狄金森在这种人生的处境中，以她女性特有的敏感细腻之心和内敛超脱之气，将一草一木看得空灵隽秀，将纷繁琐事看得洒脱明澈。在她的眼中，孤独不是苦闷，而只是与欢乐并置的一种生活状态。

孤独似乎成了上帝的格外恩赐，它是上帝特意为诗者预备的，为她带来了灵魂复活的时刻，足不出户也不能遏制想象的翅膀，反而给她的思维带来了更多飞翔的空间。诗者从未看过荒原，却知道石楠的容貌；从未看过海洋，却了解狂涛巨浪。也正是身居一隅，诗者才更渴望奔向大海，渴望大海的接纳。

一个开启视野的窗户同时也给了你限制视野的边框，而一个限制视野的边框，又为成就作者踏足前所未有的广阔的空间提供了丰富的想象基础。狄金森在日记里说:"晚餐后,我躲进诗里,它是苦闷时刻的救赎。晚上诗行常会吵醒我,韵脚在我脑中走动着,文字占领我的心。接着,我便知道世界不知道的。"由此看来,生活是孤独的,但狄金森却更多地生活在诗里,诗歌既是她的救赎,更是用欢乐代替了忧伤之灵,她在诗的自给自足中享受着丰盈的生活,在她的眼里,孤独是不需要战胜的,而是需要"享用"的。吃下的是孤独,产出的是快乐。当然,在快乐的产出过程中也时常出现"阵痛":"我们有一份黑夜要忍受/我们有一份黎明","心先要求愉快/再要求免除疼痛/其后,要那些小止痛片/来减轻苦痛"。这些内心的挣扎非但没有暗淡她诗中的亮色,反使她的欢乐在如此的烘托下更为鲜明。孤独的生活状态犹如一片肥沃的静土,悄悄地生长着丰富的心灵。纵观狄金森的诗行,我们不难发现,并不是孤独毁坏了一个人,倒正是孤独,安抚了生命的喧哗与骚动,赋予了诗人更为积极别样的美景。

狄金森的孤独状态是她对生命形式的自我选择,但她的孤独不仅仅来源于她深居简出、拒绝社交的生活方式,更多的,也在于她特立独行的思维状态,也正是由于这种思维状态,才使得这些孤独有了特别的意义。她忍受着这种种孤独,并在这孤独中寻求自我清理和自我援助。我们也可以从狄金森的诗中看出,正是因为长期的孤独,形成了她沉思内省的习惯,使她的诗中充满着自我的辨否、质疑和对话的运动。正如"篱笆那边"一诗中所描述的场景:

篱笆那边

有草莓一颗

我知道,如果我愿

我可以爬过——草莓真甜!

可是,脏了围裙

上帝一定要骂我

哦,亲爱的,我猜

如果他也是个孩子

他也定爬过去

如果，他能爬过！

从这首诗中，我们能够发现，由于种种原因，对于心中的渴望，她犹疑，甚至寻找退却的借口，然而，她又不甘心轻易放弃，于是，她开始鼓励自己，为自己寻找进攻的理由。在笔者看来，这种思维的挣扎源于孤独的焦虑。而多恩在同样的问题上，却显示出毋庸置疑的确定性：

我有一种恐惧之罪， 恐怕我一旦缠完

我最后一缕线时， 将在此岸逝灭

但以您自身起誓。您的儿子在我死前

将一如既往普照， 将普照一如此刻

完成这个之后， 您才算完善

我不再感到惶惑。

（"天父上帝赞"[3]）

多恩在信心中显示的一份坚定和确信，和狄金森的困惑形成对比。虽然多恩也感到恐惧，但多恩的恐惧和狄金森的有着本质的不同。多恩此刻对付自己的恐惧是靠自己对信仰的坚固信心，而狄金森除掉恐惧的方法常常是寻求自我解脱。

在《沉思录》中，多恩也多次提到自己的恐惧，他认为自己的恐惧来自于人的本性。多恩认为，有的恐惧来自于刑罚，有的恐惧则可以使人对造物主产生敬畏之心。但有惧怕就有希望，有惧怕也会有喜悦，因为惧怕，人的脚就容易行在公义的路上，这样的惧怕反倒带来平安。

狄金森在孤独产生的深深焦虑中建立了自己的个人意味，有时她在这种情绪中纠缠，有的时候也在力图超越，而这一点正是诗人的宝贵之处。

没有一艘船能像一本书

也没有一匹骏马能像

一页跳跃着的诗行那样

把人带往远方

从这些诗句中,从她所反映的不同题材中,总能让我们看到她从细小走向宏阔的特点,发现诗者在其中为自己寻找到心灵的出路。当这条心灵出路显现的时候,狄金森就从自己的个人意味中完成了思想的提炼过程,使她成为宏阔空间的一分子。由此我们也可以看出,狄金森的孤僻不是消极的避世,她是那么强烈地热爱着生活、珍爱着生命,她在1867年12月10日,37岁生日那天的日记中写道:"我从未停止好奇,为什么我是我,而不是一只伯劳鸟?我们会活着就足够令人惊讶了。"狄金森诗歌在孤独中的超越,与她对生命的感佩和尊崇之情是有内在的联系的。

狄金森对生命的尊崇,常使她将自己的诗思与自然产生有机联系,而多恩对于生命的敬畏,却是意识到生命的短暂不易。针对自己身患的重疾,他也怀着坦然的心态:

无论是病的结局,还是我的结局,都无法由我自己来选择;不过,假如是我有了结局,那就意味着两者都有了结局:我的病不可能比我的寿命长,相反,我却有可能活得比病久。

(《沉思录》第七章"思考")

每个人都是一个宇宙,我们可以瞭望、观察别人的宇宙,却永远不能拥有别人的宇宙。从表面上看来,狄金森的"秩序"体现在她的生活环境。她的生活太宁静了。她的一生像一场没有场景变换只有剧情延伸的电影,然而,处于宁静的生活中却是依然不宁静的心。仿佛将珍贵的宝石置于黑色的天鹅绒布上,她的"不宁静"就显得格外特别和耀目。这个"不宁静"首先打破了原有的、被许多人认为的宁静生活的"秩序"。可能是"虚无的压力大于生存的压力",使她的性格处于缺乏张力的、失重的状态下,换言之,进入了某种失去秩序的状态。甚至她的恩师希金森都觉得她很怪,但"狭小"正是她生存处境的本质，"琐碎"正是她的现实内容。在某种程度上，狄金森后来的文学道路是"在忧郁中建立的平衡"。当然，说狄金森忧郁，有一部分是我们的想象，"忧郁"意味着她缺乏自制力，缺乏自我观照。然而，事实是，在她的许多诗中，她与笔下的世界，保持了一段清醒的距离，因为有了这样的克制力，反而使主题更显深厚，也使得她的诗在生存环境之上建构了自己的秩序。

然而，同处于孤独状态的多恩，不仅没有躲开孤独（也无处可躲），相反，他用自己深邃的目光，审视并分析这些孤独，并在这些孤独中找出生命的意义。正是这些孤独，使多恩看到自己的无奈，并为多恩在心灵上的超越提供了基础。狄金森是个随性的诗人，她诗歌的思想大部来自内心真实的感受而非刻意的思索。在许多宁静的沧桑之后，她的生命感悟丰盛了，迷茫与超脱并存，疑问与追寻同在，诗人在走向宁静孤独的同时也走向了"偶然"的深处。在孤独的"窄境"，诗人"偶然"拣拾到了鸿蒙初辟的真纯，"偶然"的选择，结果却并不偶然。波兰作曲家卢托斯拉夫斯基认为，只有对"偶然"因素的透彻领悟才让它们在准确的地点真正大放光芒。正如田艺苗先生在"解构的快乐"一文中的结语：放手给"偶然"并不是一个轻易随便的玩笑，那是大师才被允许的华丽手笔。

狄金森的秘密日记回答了她选择孤独的理由："我安安静静地活着，只为了书册，因为没有一个舞台，能让我扮演自己的戏"，但她又认为，思想本身就是自己的舞台，也定义着自己的存在。现实生活中的她，很少开口，只是将心中的话语以诗的形式倾诉出来，心成为她种植出诗歌果实的肥沃土壤。在这样的思想基础下，许多狄金森在孤独状态中写的诗，更像自己的独白：

　　殉理想的诗人，不曾说话
　　把精神的剧痛在音节中浇铸
　　当他们人间的姓名已僵化
　　他们在人间的命运会给某些人以鼓舞
　　殉理想的画家，从不开口

把遗嘱，交付给画幅

当他们有思想的手指休止后

有人会从艺术中找到，安宁的艺术

在笔者看来，狄金森孤独的原因之一在于她对信仰的挣扎。在"为什么，他们把我关在天堂门外"这首诗中，她渴望得到天堂的认同，她请求天使们"让我再试一试，仅仅，试这一次，仅仅，看我，是否打搅他们，却不要，把门紧闭"，可这种灵性的需要被她的理性所否决，也为她不喜约束的天性所排斥。假如她和自己的家人一样相信天国的盼望，她的诗中会不会有更多的明朗呢？当然，这又是另一个狄金森了。

透过多恩的《沉思录》看狄金森，看到的是孤独产生的诗思，带有冷色的浪漫，却又不乏理性。狄金森的诗，在女性诗歌中的独特魅力，在于她更具有复杂的幽思。透过狄金森看多恩，就对比出了孤独当中那一份凝重的深刻和思辨的智慧。狄金森的诗细腻委婉，多恩的思维专注而曲折，都是他们对特定生活场景的真实反映。

进入心灵的孤独，进入心灵的宁静，狄金森的诗歌犹如开放的花朵，成熟的香气在不经意的释放中进入到"偶然"的深处。诗人在反复的迷失和寻找过程中，找到了似乎没有秩序的秩序。多恩则在心灵的感动和呼召下，引领读者不断回归内心深处的盼望。他将自己的思想在孤独的忧思中反复锤炼，犹如"炼过七遍的银子"，成为人类思想宝库的一份珍品。

参考文献：

[1] 狄金森诗选 [M]. 江枫，译. 长沙：湖南人民出版社，1984.

[2] 刘小枫. 诗话哲学 [M]. 济南：山东文艺出版社，1986：207.

[3] 约翰·但恩. 英国玄学诗鼻祖约翰·但恩诗集 [M]. 傅浩，译. 北京：十月文艺出版社，2006：267.

第四部分　多恩的其他研究

美善的根源发出光来

将美善显明在寻找的眼前

寻找的眼睛被光照亮

所看之处无不美善

第八章　多恩爱情诗中的宗教蕴含

长期以来，多恩的爱情诗一直是学界争议的焦点。17世纪诗评家德莱顿（Dryden，1631—1700)评论多恩说："在爱情诗中，他用哲学冥想使女性困惑……"[1]18世纪的约翰逊（Samuel Johnson）也认为多恩一派的爱情诗不是抒写自然之情，只是在炫耀学问。随笔作家斯蒂尔（Rechard Steele，1672—1729）认为多恩的爱情诗由于运用了过多的机智，而成为英国诗中缺陷最多的作品。[2]以上文学巨匠都对多恩爱情诗的写作手法提出质疑，然而，更多的批评还集中于多恩爱情诗所表现的内容。杨周翰谈到多恩时认为："他的爱情诗贯穿着两条线索，一条是罗马诗人奥维德爱情诗的传统，对女性采取怀疑态度，或体现享乐主义观念；另一条线索是特殊的构思，大量采用神学、经院哲学的诡辩技巧或利用当代科学发明和发现作比喻，来抒写爱情。"[3]

国内虽然对多恩的研究一直热度不减，但对其爱情诗的探讨却没有大的起色，将多恩的爱情诗与其宗教身份结合起来的评论也不多见。杨周翰在谈到多恩时说，他的爱情诗与宗教诗同样著名。近期发表的陆钰明的文章"约翰·多恩——从西方到中国"在结尾处指出，多恩研究在我国"尚处于一个发展的阶段中，往往只关注少数几首诗，多恩的单项研究，如爱情诗研究、宗教诗研究，尚有待进一步深入"[4]。

值得指出的是，由于多恩做了很多年的神职人员，我们不难发现其宗教观对诗歌创作的影响，他的一些爱情诗在表述方法上独辟蹊径，在思想上超越凡俗。其中不少思想与圣经中的观念如出一辙，不少爱情诗和宗教诗是交会融合的。

第一节 "你中有我，我中有你"：同心合一的爱情

多恩爱情诗的一个显著特点是用理性笔调描述恋人之间的亲密关系，虽然笔调冷静，内涵却特别深刻。他笔下的爱情较少感性成分，更多的是理性思考，这说明多恩看待爱情是基于理念的。在多恩的心里，两个相爱的人即使身在两地，也依然心在一处；岂止在一处，两人原本就是同一个身体。"她死了；一切死者／都向他们最初的元素还原／而我们彼此互为元素／是用彼此造制的／那么我的身体就与她的相纠缠。"（《解体》）[5] 又如他在诗歌中的声明："我意欲寄赠这颗心，以替代我的心，／可是，无人能保有它，因为那是你的心。"（《遗产》）"爱情的谜语是，虽然你的心离别，／但它仍在家里；你因失去而保留。／但是我们宁愿拥有一种方式，／比换心更豪放：把它们糅合在一起，／它们就会成为一体，互为彼此的全体。"（《爱的无限》）

这些诗句让读者看到两性在爱中合一的亲密，使人回想起圣经开篇处的奇妙温馨场景："耶和华神使他（指亚当）沉睡，他就睡了；于是取下他的一条肋骨，又把肉合起来。耶和华神就用那人身上所取的肋骨造成一个女人，领他到那人跟前。"而亚当一看到夏娃，就说："这是我骨中的骨，肉中的肉，可以称她为女人，因为她是从男人身上取出来的。"（创世记2：21-23）[6] 多恩的诗中多处涉及女人的身体："爱情比它的生养者更精微／若不也寄托于形体，必将无法存活／所以，你是何许人，是哪一个／我向爱神探问；它既已／选取你的身体，那我就允许／且把它固定在你的嘴唇、眼睛和眉宇。"（《空气与天使》）从多恩的诗中我们不止一次看到这种富于诗意的外官描绘，一如圣经中也不乏对恋人身体的赞美："我的佳偶，你甚美丽！你甚美丽！你的眼在帕子内好像鸽子眼；你的头发如同山羊群，卧在基列山旁……你的唇

好像一条朱红线；你的嘴也秀美；……你的两乳，好像百合花中吃草的一对小鹿，就是母鹿双生的……我的佳偶，你全然美丽，毫无瑕疵！"（雅歌：4：1-7）可见爱情是上帝的美好赐予，美丽的身体也是造物主的恩典。当人们以感恩之心来领受神赐的爱情时，凡俗能够变成神圣，其中并无低俗与脱俗之分，此即吕洪灵之意："对于他来说，世俗的情欲在成为一种审美对象时，间离了原本的粗俗，未必与宗教的精神相冲突。所以，他可以超越以往崇尚的柏拉图式爱情……感受到对真爱的诚挚不懈的追求。可以摘下神学往日高不可攀的面纱，以颂扬爱情的十四行诗表达神学冥想。"[7]

在多恩看来，爱情是两个人的"同心合一"，这既指肉体的结合，更指两个灵魂的彼此依存。读者不难从他的爱情诗中发现其对灵魂的格外关注，这是从一般爱情诗中难以看到的。例如《早安》中的诗句："现在向我们苏醒的灵魂道声早安，／两个灵魂互相信赖，毋须警戒；／因为爱控制了对其他景色的爱，／把小小的房间点化成大千世界。／让航海发现家向新世界远游，／让无数世界的舆图把别人引诱／我们却自成世界，又互相拥有。"（飞白译）诗人描述的不是两个人，而是两个灵魂，他们在爱中苏醒，互相信赖；在爱中彼此敞开，看一切皆成美景，而这爱何其广阔，把有限的空间点化成了无限的世界，这一切皆因他们是在"灵"里相爱。在福音书中耶稣说，那敬拜上帝的，要用心灵和诚实敬拜；基督徒与上帝的联合，本是灵里的联合。多恩深谙这个属灵的奥妙，以至在穿越现象世界诠释爱与美的过程中，能越过概念的表层，直抵心灵的内核："我们被爱情提炼得纯净，／自己都不知道存有什么念头／互相在心灵上得到了保证，／再不愁碰不到眼睛、嘴和手。／两个灵魂打成了一片，／虽说我得走，却并不变成／破裂，而只是向外伸延，／像金子打到薄薄的一层。"（《别离辞：节哀》，卞之琳译）。在这首诗中，爱情成为锤炼心灵的过程，成为帮助当事人成圣的方式。一方面，心灵的合一让相爱的双方超越了感官的愉悦，得以直接深入到对方的灵魂当中；另一方面，灵魂之爱超越了肉体的限制，使那种原本出自人性的"人之爱"能够向神性靠拢。

在多恩看来，爱情不仅是两个灵魂的相合，也是彼此的激活："当爱情如此使两个灵魂／彼此相互激活的时候／从中流出的那更强的灵魂／就克服了独处时的不足。"（《出神》）此语印证了圣经之言："那人独处不好，我要为他造一个配偶帮助他。"（创世记：2：18）"两个人总比一个人好，因为两人劳碌同得美好的果效。"（传道书：4：9）正是在心灵的世界里多恩发现了"内在之美"，并视之为至尊的珍宝。他在《担保》中说："发现了内在之美的人，会鄙视所有外在的东西，因为爱慕颜色和皮肤的人，只喜爱她们最旧的外衣。"这种见解与圣经格言如出一辙："艳丽是虚假的，美容是虚浮的。"（箴言31：30）"你们不要以外面的编头发、戴金饰、穿美衣为装饰，只要以里面存着长久温柔、安静的心为装饰……"（彼得前书：3：3-4）这些诗句启迪我们正视多恩作为一名神职人员的身份，正视他心中那个潜在原型文本——圣经——的极端重要性。一如晏奎所言："正是由于对肉欲的鄙视，对真诚的渴望，在内与外或灵与肉的关系上，多恩更倾向于前者，这既是其爱情诗不言花前月下的重要原因，也是体现其人文精神的特征所在。"[8]

第二节　人性与神性的交织：爱之天性与成圣之心

　　基督徒认为爱从上帝而来，被上帝拣选的人理当在一切事上顺服上帝，为自己的罪真诚忏悔，追求圣洁，过圣洁的生活。某人的得救在乎上帝的怜悯，成圣全靠上帝的恩助，前提是要有寻求上帝的本愿。某人开始向上帝的心意靠拢之时，就是向人性的本真回归之际。他开始认真省察自身的时候，就是开始让神性在自身发生功用的时候。王英琦写道："一个作家，一个写作者，只有将外在的写作变为内在的写作，将外在的真实化为内在的真实，对自己和客观世界的权限有着清醒的自明，筑起忠于自己情致一贯性的真实的内界大厦，才能将分散的无定性的复杂个性及丰富联想收拢起来，使自己的人与文具有统一的逻辑性、凝聚性、纯洁性——这本是一切崇高而不甘沉沦的写作之内在的高度和坚强的支撑。"[9]这番话在一定程度上揭示出多恩诗歌创作的本质：正是诗人那颗渴望成圣之心成为他诗歌中人性与神性的结合点，成就了其爱情诗的制高点。

多恩在爱情中所表达的远非自己的情感经历，所触动的也不仅是人的天性，他还把爱情带到了新的天地，带到了人类经验的本质层面。多恩的诗中有许多思辨，它们往往涉及爱的真谛："同样，纯粹恋人的灵魂务必／下降到情感，和机能／才可能让感官触及和感知／否则就像伟大的王子躺在牢中／那我们就回到我们的体内，那样／软弱之人就可以看到爱情的启示／爱情的秘密确实在灵魂中成长／然而肉体却是那载道的书籍／假如哪位恋人，就像我们一般／听见这异口同声的对话／就请他时常监督我们，他将看见／我们即使回到体内，也少有变化。"（《出神》）在多恩看来，器官的触及和感知是必要的，但从灵魂中生发的东西更为宝贵。物质承载着精神，一如肉体是灵魂的居所，只有前者纯净，后者才能纯粹，这就是多恩在物质和精神的关系层面对爱情的思考。《新约》认为基督徒的身体是上帝的殿，总要保持圣洁，因为上帝是圣洁的。而上帝超乎众人之上，贯乎众人之中，也住在众人以内。这样，神性与人性就能达到完美的统一。作为资深教长的多恩深谙其中的道理，于是在爱情诗中不断寻求与上帝的联合。为了达到这种神圣的联合，他不断地"向己死，向主活"，正如保罗所说："我看世界是死的，世界看我也是死的。"（哥林多前书：5：36）保罗还一针见血地教导信徒不要爱世界，因为人若爱世界，爱上帝的心就不在他里面了："这样，你们向罪也当看自己是死的；向神在基督耶稣里，却当看自己是活的。不要容罪在你们必死的身上作王，使你们顺从身子的私欲。"（罗马书：6：11：12）即使多恩真诚愿意为成圣付出代价，他依然时时感到人性的软弱，处于人性与神性的挣扎当中："既然我所爱的她，已经把她的最后债务／偿还给造化，她和我都不再有好处可得／她的灵魂也早早地被劫夺，进入了天国／那么我的心思就完全被系于天国的事物／在尘世间，对她的爱慕曾激励我的心智／去寻求上帝您，好让河流现出源头所在／可是尽管我找到了您，您把我的渴意消解／一种神圣的消渴病依然使我日益憔悴。"（《敬神十四行诗》）从这首诗里，我们不难发现多恩徘徊在情爱和圣爱之间的两难境地。当他失去自己的所爱时，心灵曾在上帝那里得到安慰，上帝是抚慰他的源头。但他仍然不能全然释放自己。他求助于上帝的大能，却也陷在自身的无助当中。诗歌将上帝比作河流的源头，使人联想起"约翰福音"第4章第14节耶稣的话："人若喝我所赐的水就永远不渴。我所赐的水，要在他里头成为泉源，直涌到永生。"以及"以赛亚书"第12章第3节所言："你们必从救恩的泉源欢然取水。"

齐宏伟在《心有灵犀：欧美文学与信仰传统》一书中用两个字概括了圣经中的爱情观，一个是"悦"——"两情相悦"之"悦"；一个是"许"——"生死相许"之"许"。前者类似于"欲爱"（Eros），是自下而上或人与人之间的爱，以人为出发点；后者类似于"挚爱"(Agape)，也可称作"圣爱"，是自上而下的爱，以神为出发点。[10]在圣经中爱时常与死相连，如下所言："爱情如死之坚强，嫉恨如阴间之残忍。所发的电光，是火焰的电光，是耶和华的烈焰。爱情，众水不能熄灭，大水也不能淹没。"（雅歌：8：6-7）多恩的诗中也有类似的主题："随你怎么称呼我们，我们就是这样，由于爱，/ 称他为一只飞蛾吧，称我为另一只，/ 我们也是蜡烛，以自己为代价而死，/ 我们发现鹰和鸽在我们身内同在，/ 凤凰之谜对我们具有的意义更多 / 我们是凤凰，合二为一 / 所以，雄雌结合成一个中性的东西，/ 我们死而复生，证明这实在 / 神秘，由于这种爱。"（《封圣》，胡家峦译）其中"蜡烛"、"中性的东西"、"死而复生"、"神秘"等词汇并非简单的排列，而是体现出诗者心灵的走向。为爱，宁愿如飞蛾扑火；为爱，宁愿如蜡炬成灰。这种爱是凤凰涅槃式的死而复生，这一切是人们难以测透也难以言尽的。

德莱顿认为，多恩用微妙的哲学思辨把女性们的头脑弄糊涂了。这句话很值得商榷，问题的关键在于多恩的爱情诗并非以女人为预设的读者群。多恩在爱情诗中除了爱情之外，还有更重要的话要说。他透过爱情所思考的，往往是肉体和灵魂的关系。晏奎谈到多恩的《灵的进程》、《第一周年》和《第二周年》时，认为爱情主题随着灵的进程，从道成肉身开始，至肉身成道结束，渐次展开，逐层深化，既肯定了心灵的净化，又完成了向天国的回归……在多恩的作品中，神本观念与人本意识是处于互动关系中的，正是由于这种互动，人性的觉醒并不意味着神性的丧失，相反，更激发了人与神合一的渴望。[11]

多恩曾深有感触地说，患难把罪清洗，使性格得到锻炼，贫穷教导人信靠上帝，洗涤贪欲；失败和公开的受辱医治人属世的野心。就是这样一位在世人眼中贫病交加的孤独鳏夫，鼓舞了许许多多迷失之人。关于多恩的传道生涯杨周翰这样写道："他的布道文常常现身说法，宣扬悔罪、信仰等教义，劝人把世俗的情欲转移为宗教热情。他的布道吸引着伦敦达官贵人、商人、手工艺人、律师、学生和一般市民，他们在露天里站立两三小时不疲倦，最后发出'满意的叹息'。"[12]在《多样性》一诗中，多恩表述了他顺服上帝的志向："我以服从他的统治为荣／从未拒绝过他最琐碎的命令／因为无论神旨以何等形式示现／我的心都敞开接受那光焰／……随着年龄稳定我们会把自由交回／时光在岁月里的刻度和我们准确的判断／将不会那么轻易地倾向于改变／也不会理睬一双双媚眼的勾引／而是美与真实的价值均衡相称／被发现在某一个人身上聚合／我们将永远爱她，且只爱她一个。"应该说，多恩在这里对自己的爱情观做了准确的说明。

第三节　理性思辨与深层意图：多恩诗歌中的神哲意识

多恩的爱情诗力图多角度多层次地展现事物，诗人常常不事矫饰，像是对着爱人又像是对着更广阔的空间倾心吐意。从词汇上可以看出他深受当时科学发展的影响，表达出想象的逻辑思辨性："在一只圆球上头／一位身边备有草稿的工匠，能够绘就／一个欧洲、非洲和一个亚洲／且很快把原来的空无造成万有／同样有你在内／每一颗珠泪／都会长成一颗地球，对印有你形象的世界／直到你的泪水与我的混合，淹没／这世界——以源自你，我的天宇，如此融化的洪波。……既然你我呼吸着彼此的气息／那么谁叹息得最多，就最残酷，就加速着对方的死。"（《赠别：有关哭泣》）无可争议，这是一首表现情人离别的诗，但是当我们在字里行间仔细阅读时，就会感到诗人的匠心独运。诗中提到"把原来的空无造成万有",让人想起"创世记"开头的情形,起初上帝创造天地,地是空虚混沌,渊面黑暗,神的灵运行在水面上,神说,要有光,就有了光……,他从一本造出世间万物和普世万族。多恩将情人的哭泣与世界的创造联系起来,表明情人在其心中就像神造的万物,不会消失,且具有永恒的价值。既然她的一颗离别的眼泪"都会长成一颗地球",两个相爱之人的眼泪混合时,无疑能淹没全世界。两个相爱之人的生命息息相通,一个痛苦能变成两个,当所爱之人遭遇痛苦时,另一人也会痛不欲生。人在世界中本来显得极小,但爱的力量却能撼动天地。人性之爱与上帝所造的无限宇宙交融一体,那位在圆球之上、身边备有草稿的工匠使我们与造物主直接相联系。按照圣经所言,上帝所造的一切无所增加,也无所减少,具有永恒的价值,那么以此比喻的两性之爱,也就同样千古永存。

多恩的诗歌中有一种奇特现象:明明是在写爱情,字里行间又会突现宗教的笔调,从而构成一幅既是爱情,有时又非爱情的心灵图景。这让许多人对他的爱情诗感到费解。但了解到多恩本身的宗教身份,那不时出现在他爱情诗中的宗教言说便不难解释了。比如这首名为《破晓》的诗:"想必事业会把你从这里引开 / 哦,这是爱情最严重的病胎 / 贫困、卑鄙、虚伪者,爱情都能 / 接受,唯独不能容忍忙碌的人 / 既有事业又求爱的人,他所犯的 / 过错,一如已婚的男人又寻欢。"这首诗至少表明两层意思:其一,滋养爱情需要付出时间,事业在爱情面前应退居其次。这种出自人性的愿望即使在上帝眼中也是合乎情理的,正如圣经所言:"新娶妻之人不可从军出征,也不可托他办理什么公事,可以在家清闲一年,使他所娶的妻快活。"(申命记:24:5)其二,诗中又隐含了不可拜偶像的神学思想。圣经常用新郎与新娘比喻神与信徒之间的关系,《旧约》一再告诫以色列人不可拜偶像,因为耶和华神是独一的真神。解经家声称任何妨碍信徒与上帝之间"爱情"关系的事物皆属偶像,事业也不例外。"今天我们有可能让许多其他的事物成为自己的神,例如金钱、名望、工作或者享乐。一旦我们一心一意地以此为个人追求或安全感的来源、为生存的意义,这一切就变为我们的神。"[13] 圣经对"淫乱"的神学解释是爱上了"使人对神之爱分心"的事物。既然所有基督徒都被视为基督的新妇,那么,为了事业而忽略爱情,岂不是"已婚的男人又寻欢"?

阅读多恩的诗歌,常会发现爱情中有宗教,同时一些宗教诗由于使用了与爱情婚姻相关的词汇,也很难被认定为纯粹的宗教诗。约翰·凯利说,多恩的爱情诗是他抒发宗教忧虑情感的面纱。李正栓认为,多恩在爱情中强调了灵与肉的结合,并为之赋予神性。在《封圣》中多恩把情人做爱的场景比作基督复活,在《出神》中他也引用宗教术语,把人类之爱上升到上帝之爱。[14] 在多恩看来,人靠自身无法达到上帝的标准,使自己全然成圣,只有放弃一己的选择,顺服上帝的心意,才能结出义的果子。

第四节 自我观照与匡正:多恩创作中的思想途径

不可否认,多恩的一些爱情诗确实描述了女人如何对爱情不忠,这类诗也许有其年轻时的生活体验,李正栓在"满腔怒火喷向谁"中提到,多恩"青年时有两大爱好,一是看戏,二是拜访女人"[15]。多恩孤傲不羁的心很难使他在女人那里得到完全的安慰,也很难使哪个女人能全然吸引他的心。也许,有着宗教背景的多恩深谙圣经中的一段话:"看哪,一千男子中,我找到一个正直人,但众女子中,没有找到一个。"(传道书:7:27-28)虽然《爱的进程》等诗中的确表现出了某些"艳情"色彩,但是与其爱情诗中的其他元素相比,艳情并不占主导地位。《爱的进程》在写法上有模仿"雅歌"第7章的痕迹,但是多恩缺少了对情欲的节制,给这首诗蒙上了"俗"、"艳"的色彩。傅浩曾说,多恩公开布道时经常遇到听众就其艳情诗提问,请他做出解释。[16]多恩也在其后写的《沉思录》一书中请求上帝匡正他过去的自以为是和玩物不羁。[17]从以下诗中,我们可以看到多恩脱离人性而靠近神性的努力:"请来把我重造,我现在已毁坏破损/我的心由于堕落,变成粪土/由于自戕,而变得鲜红/从这鲜红的泥土上,父亲啊,请涤除/一切邪恶的颜色,好让我得以重塑新形……"(《启应祷告》)可见,多恩的忏悔比别人针对他年轻时所写爱情诗的诘问要深刻得多。艾略特把多恩看作回头的浪子，并非没有一点道理。

阅读多恩的诗作，笔者深深感到，有灵性的作品和缺乏灵性的作品之间的最大区别，并不在于它们所表现事物多么复杂，而在于前者在狭窄和艰难的处境中有一双翅膀能超脱飞升，而后者则被束缚于各种情事的纠缠中而难以脱身。多恩的不少爱情诗长于思辨，但思辨不是他的目的，他要引导读者在阅读中看到他"思想的途径"，而不是"事件"本身。多恩的可贵之处在于，他以智慧的思辨使读者看到了他心灵的方向。他的诗表现了人性与神性的冲突，努力荡涤着灵魂的迷失、软弱和痛苦，由此获得永久的价值。

参考文献：

[1] Lovelock Tulian, *Donne: Songs and Sonnets*, Macmillan Education Ltd, 1973.

[2] Smith A T, *John Donne:The Critical Heritage*, London and Boston, Routledge &Kegan Paul, 1975.

[3] 王佐良等.英国文学名篇选注 [M].北京：商务印书馆，1987：243.

[4] 陆钰明.约翰·多恩——从西方到中国 [J].中国比较文学，2007（4）.

[5] 除特别标注外，本书中的多恩诗歌译文均出自傅浩所译《英国玄学诗鼻祖约翰·但恩诗集》，北京：十月文艺出版社，2006。

[6] 本书中的圣经引用章节均出自圣经(中文和合本)，南京：中国基督教协会，1998。

[7] 吕洪灵.艳情与神学之间 [M].四川外语学院学报，2008（1）：16.

[8] 晏奎.生命的礼赞 [M].北京：北京大学出版社，2005：148.

[9] 王英琦.有真人才有真文 [J].文学报，2005.2.17（3）.

[10] 齐宏伟.心有灵犀：欧美文学与信仰传统 [M].北京：北京大学出版社，2006：169.

[11] 晏奎.生命的礼赞 [M].北京：北京大学出版社，2005：214，147.

[12] 杨周翰.中国大百科全书·外国文学Ⅰ [M].北京·上海：中国大百科

全书出版社，1982：269.

[13] 圣经（灵修版）. 香港：国际圣经协会，1999：147.

[14] 李正栓. 英国文艺复兴时期诗歌研究栓 [M]. 保定：河北大学出版社，2006：108.

[15] 李正栓. 满腔怒火喷向谁 [J]. 名作欣赏，2006（15）：85.

[16] 约翰·多恩. 英国玄学诗鼻祖约翰·但恩诗集 [M]. 傅浩，译. 北京：十月文艺出版社，2006：15.

[17] 约翰·多恩. 丧钟为谁而鸣：生死边缘的沉思录 [M]. 林和生，译：北京：新星出版社，2009：48.

第九章　多恩的新历史主义研究

自20世纪80年代初,新历史主义作为一个批评流派正式问世以来,其作为后现代主义和后结构主义式微之后的新理论和新批评方式,呈现出强劲的表现力量。随着"解构批评"向各种阐释模式转移,对文学与历史以及文学与政治的各种阐释理论都不同程度汇入了新历史主义的文化潮流。与后现代主义和文化研究、文化批评相结合,新历史主义一方面呈现出政治倾向性以及对意识形态的关注,另一方面强调文学与历史的互文性,深入探讨文学与历史的关系,主张主体向历史的介入,主体对历史的干预和主体对历史的改写,从文学的"内部"研究转向文学的"外部"研究,恢复和重新确立文学的历史和政治等社会背景。使得文学不再被限定于文本自律的狭小范畴,展现出更宽广的学术思考范围。

这次文学理论的重要转折深刻影响了对多恩的研究。仅仅自新历史主义理论问世后的10余年间,笔者不完全统计,与新历史主义密切相关的多恩研究成果有80余篇(部),如果将与这一涵义宽广的理论有关联的文章与书籍均统计在内,总数将大大超过以上数字,这足以说明新历史主义自面世以来对多恩研究领域产生的重要影响。

纵观新历史主义视域下的多恩研究,大致呈现为三个主要特点:角度多样性、主题集中性和文本宽泛性。新历史主义超越了不同学科的界限,体现出跨学科的多方位的解读特征。"原先那种只局限于封闭的文本研究的文学观念开始向历史学、社会学、政治学、伦理学、人类学、民族学、精神分析学开放，拓展出多维的研究空间。"[1] 主题却大多集中于文本与历史及文本与政治这两大部分，而在文本的选择方面，评论家则各有所好，几乎包罗了多恩的各类作品。从读者较为熟悉的《歌与十四行诗》到了解较少的布道文和书信，都可以在新历史主义的视角下获得新的认知。

从研究阶段上来看，大致可根据时间分为三个阶段：20 世纪 80 年代的起始阶段，90 年代的发展时期以及 21 世纪的近 10 年的持续期。每一个阶段既呈现出各自时代的独有特点，也交融着一些共同特征，呈现出丰富与统一并存的状态。

第一节　起始期：历史空间中的宏大叙事主题

从新历史主义的观点来看，历史不再是一个时间运行的客观过程或是文学发生的一个背景，历史与文学一样，同时承载着文本的功能。作为特定文本的历史，和文学同属于语言符号系统。历史以文本作为呈现形式，同时对文本也有制约作用，每一个文本都脱离不了当时的历史。"新历史主义文论强调了历史与文本的密切关系，既注意到历史的文本性内涵，又拓展了文本的多维历史视野，从而为文学研究提供了更为充实的历史依据。"[2]

新历史主义视域下的多恩研究，集中体现了文本和历史的关系。20 世纪 80 年代的多恩研究，主要体现了对于文本在历史空间中的宏大叙事主题。

早在 80 年代初，Martines Lauro 论及文艺复兴时期的诗歌中的社会和历史的关系时，就将多恩重新置身于他所生存的社会环境中，指出他的诗歌中所反映的种种社会情境——伦敦不同的场景、林肯学院的环境、动荡的宗教背景、社会精英圈的力量、变化无常的赞助、一种对宫廷日益增长的幻灭感、在财富和地位之间的摇摆、经济和事业的压力，以及中世纪晚期哲学和科学中对新旧天文学的应用，这一切都与多恩的想象、他文字中的思辨特征、口语化、某些稍显极端的立场，以及韵律的自由度都有极大的关联。作者力图在多恩成长的历史环境中为多恩的写作特点寻找证据。正是因为这个背景的涉及面极其宽泛，作者在其中发现了一种错综复杂的状态。他认为"当这一切在构建主体性的过程中，从不稳定性和变迁的困扰迷乱中所呈现的是一种在权力、暴力和欲望之间的复杂联系"[3]。

多恩与历史的关系，呈现着许多不确定的色彩。首先因为多恩的历史中存在着一些谜团，例如多恩的改宗之谜、婚姻之谜、与宫廷的关系之谜等等，使得许多研究者在谜团中求索，寻找各样的证据，出现了一些交锋激烈的观点，成为多恩研究的独特风景，但同时也将多恩的成长历史与当下的视域紧密联系起来。

80年代的中后期是多恩与新历史主义研究的一个高峰期。1986年Marotti Arthur F. 的 *John Donne, Coterie Poet* 是一部多恩研究的扛鼎之作。作者系统分析了多恩不同的人生阶段，在历史的语境下，向我们展示了一个时尚的、绅士的、经历了社会流放的后来又担任圣职的多恩。作者对多恩每一阶段的作品结合其人生经历进行评论，认为在起初特有的历史语境下进行阅读，在诗人和人之间，虚拟的听众和真正的读者之间的外部界限就模糊了。Marotti的这一理论也引起了我国学者的共鸣。于永顺认为"文本的意义存在于文本在不同时期与不同读者动态交流的不确定过程中的观点是值得肯定的，毋庸置疑，新历史主义推进了对文本意义的探寻由阐释的一元论和绝对主义走向了多元论的进程"[4]。Marotti在解读过程中，不仅注重多恩创作时的历史状况，同时对文学作品在传播过程中涉及的地点也极为关注。他认为将作品在语境化中解读，能够发现"当多恩力图使自己的修辞方式贴近读者适应场合和各种情境之时，他对诗歌素材的处理的睿智就显明了。然而，这种解释的语境使得诗歌当中显性的离散的表述的重要性减弱，却使诗歌文本更接近于元诗学的层面"[5]。历史的语境适用于各个方面，文学作品的形式亦不例外。作者认为多恩对于不同文学形式的选择既出于社会政治情况变化的原因，也因为时代的变迁自然带来了文学体系内体裁的变化。这部著作的独创之处在于，将宏观的历史文化背景的表现与具体的文本分析结合起来，对后来的多恩研究产生了极大的影响。这部著作出版当年即有 Arthur F. Kinney, Graham Parry, Camille Wells Slights 等学者写出书评。在 2 年的时间内，共计有 12 篇评论文章见诸于不同的学术刊物。Radzinowicz 在 "The Politics of Donne's Silences" 一文中，认为没有单一的因果解释模型适用于政治学的讨论，而需要像 Marotti 等采用的历史政治的解释模式。若想将多恩的一些问题阐述明白，需要在历史政治相关证据的基础上产生一种意识。他认为，在政治的角度阅读多恩的诗歌所遇到的难处是"多恩的诗歌对政治是保持沉默的"[6]。正是这种沉默本身给我们提供了政治层面的教益和解释。在对沉默话题的认识上，需要通过找出多恩语言和比喻所表达的意义，需要在话语之中或之后将沉默进行分离来重新历史化多恩的作品。在同一年，Low 在 "Donne and the New Historicism" [7] 一文中，在对 Marotti 的文章提出了批判性的思考的基础上，提出需要找出一种途径来显示个体的心理与广阔的社会之间隐性结合的重要性。他认为多恩的 "Songs and Sonnets" 既超越了多恩的文化局限，同时又受限于多恩的文化背景。

新历史主义的产生源头之一是福柯的"话语—权力"理论。其中文本作为一种话语实践深受社会制度的影响，其中总是体现着政治与权利的关系。Greenblatt 指出，不论历史或文学，作为文本，它们都是一种权力运作的场所。新历史主义所涉及的两个重要方面"历史与政治"在多恩的研究方面总是相辅相成的。Goldberg 研究了在詹姆士一世执政期间权利与其表述之间的关系。认为语言和政治是互相建立的，在语言及其各式的行为当中，社会塑造了其中的可能性，同时也在语言及其所产生的各式可能性中成为被塑造的对象。作者将历史、政治、权力三者结合起来，通过追述由国王的语言中体现出的规则来说明权力发展的线索，总结出詹姆士一世时代多恩写作的修辞特点。多恩将国王隐喻成一位演员，将历史看作舞台。多恩的自身的事业和经历就成为这种关系的反应模式。作者特别以多恩晚期的散文作品《沉思录》为例，探索了其中的政治隐喻。作者认为多恩犹如在表现"国家的一场反叛事件，窃窃私语的谋反者们对皇家医生带来了危险"[8]。多恩亦将詹姆士一世隐喻为上帝的器皿，并且有上帝的形象。对于多恩而言，宫廷就是中心，也是社会中唯一的现实。在对历史语境注重的基础上，以政治化的方式解读文学和文化，使文本的历史化与政治紧密结合，可视为多恩文本的一个解读特色。

第二节 发展期：神哲领域的包容与反思

多恩是一个复杂的诗人，这必然导致对他的研究也是复杂的。多恩一生身份的多重性使得新历史主义视角涵盖了更多内容。与政治历史相关的不仅仅是权力问题，还有神学。纵观20世纪90年代的多恩研究，不仅沿袭了80年代政治历史的传统主题，同时在神哲学方面显示出更为开阔的视野和更大的包容性和反思精神。这是这一时期的一个学术特点。

早在80年代末期，Nicholls在"The Political Theology of John Donne"[9]一文中，就探讨了英格兰的政治和社会结构对多恩的神学意象、语言和思想，尤其对他的布道产生的重要影响。他将国王与国家的关系类比为上帝与宇宙的关系。作者认为，多恩对17世纪神学的发展贡献巨大。他给予了神学更强大的关联性而不是一个笼统的感知。多恩对当时政治政策的批评，是以上帝的宇宙惯例为立场的。1992年，Carrithers的一篇论及多恩的政治学的文章更是直接认为多恩作为一位牧师事实上是一个"政治人物"，但他的政治主张，在很大程度上，是建立在他的神学和礼拜仪式、宗教生活的比喻和对话之上。[10]作者认为多恩的政治导向是神学的，集中地体现了他和上帝的关系——上帝爱的呼唤以及多恩的回应。作者通过分析多恩的几篇布道文，指出当多恩批评詹姆士一世和他的宫廷时，依然保持着自己的立场和自由。对于所有的政治分歧，多恩的劝诫表现出了圣经的、奥古斯丁式的爱的秩序。

实际上，整个90年代新历史主义视野下的多恩研究，呈现着鲜明的神哲学色调，1994—1997年短短的3年间，接连出版了与新历史主义相关的一些著作，这些专著中所讨论的要点产生了一些不约而同的契合。1994年，

Doebler 在 *Rooted Sorrow* 一书中，讨论了 17 世纪文学中死亡绝望和安慰的主题。强调了"社会和历史的语境对于神学、文学和哲学传统产生的重要性"[11]。作者认为多恩无论在诗歌或还是布道文中，都将死亡作为作品的中心，而他本人则是人类的一个代表。多恩以丰富的表现形式，在生命死亡的关系之中呈现出了信心。作者专门讨论了多恩"安慰的诗学"，认为在多恩晚期作品《沉思录》和最后的一些布道文中，不仅反映了对其早期信仰的脱离，而且通过与群体（community）及国家建立关系，继而在这种关系的作用下，在更广阔的意义上融入社会，而这个社会的结构作为一种秩序和法规的准则以及自然的群体阶段有着一致性的特点。作者认为在《紧急时刻的祈祷》（《沉思录》）中多恩敲响的钟声反映了对于个体和群体之间的矛盾的一种解决办法。这部著作将多恩的宗教散文放在历史文化的语境下，增添了多恩在当时情境里对人生命运思索的真实性，也给读者带来更多的反思。1995，另一位多恩研究学者 Flynn 在 *John Donne and the Ancient Catholic Nobility* 一书中，将多恩成长的岁月与他的天主教背景结合起来，讨论了这一背景对于多恩生活和作品产生的意义。[12] 对于多恩家庭背景的解读，有助于读者更客观地理解多恩与宫廷相关的一些文字。多恩具有天主教背景的家族极大影响了他的成长，也在他的作品中留下了深刻的印记。

新历史主义的源头涉及解构主义等后现代的理论概念、马克思主义的社会批评理论、福柯有关权力和知识的论说以及人类文化学等多种元素。这样的生成过程决定了这一理论既有与生俱来的包容性，同时又具有批判性。这种批判性更多以质疑的形式而非以颠覆的形式出现。在对多恩的研究过程中，体现出既注重传统又充满了对主流意识的挑战，同时注重作品中的异化元素等特点。质疑与反思成为 90 年代后期多恩研究的一道风景线。在 Strier 1996 年的文章 "Donne and politics of devotion" [13] 中，作者认为一些针对多恩后期宗教散文集《沉思录》的评价，一直在错误的地点以错误的方式、错误的感觉寻找着错误的东西，评论家在支离破碎的文本中寻找着相反的东西，误将文本中的政治与对国家和政府权力的话语等同起来，而不是与神学相联系，给人以支离破碎的感觉。作者认为尽管里面的确涉及一些和政府相关的话语，这部作品的政治内容主要与对教会的态度相关。该书的政治性并非出自政治学，而是出自祈祷本身，在这个前提下，它的政治性才可能更为深邃而持久。作者在这里论及的政治与神学的联系，结合多恩的宗教身份，看似在解读上"独辟蹊径"，却入情入理。新历史主义的反传统理念不仅体现在对长篇作品的解读，也涉及到多恩的各类作品。Bowman Glen 考察了多恩的 *Satire3, Pseudo-Martyr*, 还有布道文，探索这三类作品怎样成为多恩作为道德神学家和哲学家在学识进步方面的基石，成为在宗教和政治学，个人信仰和宗教政治权力之间连贯的三部曲。作者认为这些作品"有着共同的两个主题：个体对于真正宗教的求索会置身于人类权力的范围以及良知本身是道德和灵性权利的重要来源"[14]。

除上述的主题之外，值得一提的是 90 年代新历史主义下的多恩研究，在文本实践方面也显示了明显的"反传统"特征。1997 年 Corthell Ronald 的著作 *Ideology and Desire in Renaissance Poetry*[15] 和大多数历史学家聚焦于权力的研究不同，作者对多恩的作品采用了新历史主义的分析方法，认为多恩的一些文本实践本身表明了文学和历史的关系，而这种文本实践，又因为读者的介入，在原来的基础上进行拓展和发扬，并且进入了文艺复兴研究的学术领域之中，从而对文学意识的产生发挥了重要作用，而文学意识，正是我们思考主体性和历史的关系的重要途径。作者的研究涉及两个重要方面：作品主体的含义和主体的建构。首先，Corthell 拓展了多恩作品主体的含义，他认为作品主体的概念包括文本的叙说主体、阅读主体以及以多恩诗歌为主的学术主体。作者认为，对多恩诗歌的研究，实际上就是研究在文学主体性产生过程中的叙说主体和阅读主体。其次，他将这种主体的建构看作是各种各样主体定位的过程，这样的主体是和具有矛盾与阻力、遏制与支配的欲望联系在一起的。作者认为，这种相互作用的欲望和意识构成了文学主体性强有力的形式。作者力图在自己的研究中通过阅读重现历史的作用，认为新的历史学家在阅读多恩时常常在对过去重构的过程中限制了历史意义。通过讨论多恩的讽刺诗在新历史的角度下的权利主体,认为多恩在为少数人言说的主体中沉迷于探索道德权利的问题。他的讽刺诗表现了讽刺的边缘主体的不稳定性,这使得多恩讽刺意识的产生不断地滑向一个具有讽刺意义的讽刺主体产生过程,这会带给我们对文学主体性的更多思考。在这本书中,作者从新历史主义的角度对爱的政治化也进行了探讨。该书在讨论爱的相互性和文学意识的关系时,认为新教的婚姻观在其中发挥了重要的作用,并且强调了多恩在基于精英和男性主义假设的基础上将私生活构建于文学域中,并且这种构建对于文学文本的概念化具有持续的影响。该书自1997年出版后,立即在学界引起广泛的关注,仅在之后的2年间,就有9位学者对此书进行评论和解读,并在20世纪90年代末掀起了一股在新历史视野下对多恩文本实践性的探讨的热潮。

20世纪90年代的多恩研究,无论在思想意识,还是文本实践,都较80年代更深入更具体。其中质疑与坚守并存,批评者更清楚地意识到自己的阐释者地位,在文学批评的方法上具有强烈的自觉意识。

第三节 持续期:形式的边缘性与意识的内向性

21世纪至今的多恩研究,主要体现了向内和向外的两条思考路线,既体现了多恩研究在形式上的开放性和边缘性,又表现出在意识层面探索的内向性。

与20世纪的新历史主义视野下的多恩研究相比,集中的主题表现并不明显。

新历史主义的学者常常借助其他文本来进行分析。这些文本并不完全限制在文学范围。这不像新批评理论,进行文本内的细读,而是致力于研究文本与文本产生时期的政治、经济的关系。在形式上,从21世纪初始,出现了许多文本的比较式解读,如Beckett的"The Seventeenth Century I: Donne, Herbert and Milton"[16],Haskin的"Coleridge's Marginalia on the Seventeenth-Century Divines and the Perusal of Our Elder Writers"[17],Fulton的"Hamlet's

Inky Cloak and Donne's Satyres"[18], Papazian 的 "The Augustinian Donne: How a 'Second S. Augustine'?"[19] 等等。和一般的比较文学不同，这些文章基本超越了方法论的层面，在历史的背景下研究文本的内在联系，以寻找同时期或不同时期的作者及作品的意识通约性来解读作品。以 Papazian 的文章为例，作者探讨了奥古斯丁对多恩的影响。作者认为在充分认识奥古斯丁的《忏悔录》与多恩诗歌内在联系的基础上，我们才能够有稳定的基础来了解多恩的神学诗以及其他的宗教作品。多恩效仿了奥古斯丁的生活，但他与奥古斯丁《忏悔录》中内在意识的相通远远超越了生活层面的相似。是《忏悔录》促使多恩深入挖掘人性并思考与上帝的关系。多恩的《神圣十四行诗》即带有鲜明的奥古斯丁式强烈的忏悔意识。被称作"奥古斯丁第二"的多恩与前者在意识上的深刻联系，使得奥古斯丁在无意识之中成为多恩文本的又一个"历史语境"。

这一阶段的另一特点是对多恩作品内在意识的解读。Healy 在探索文艺复兴时期诗歌与历史的关系时，将自我身份的建构也放在了历史的语境中并围绕着身份问题探索了有关真理和自我、历史和诗歌的问题。作者特别指出多恩对于新科学所带来的益处采取的怀疑态度。他认为在新科学的影响下，人的自我带着强烈的"自我生成"和"自我支撑"的特点。作者指出，在多恩的作品中，通常视自己的身份"是由外部力量掌控的，即使最根本的部分——灵魂，也不属于他自己"[20]。在多恩看来，只有自我完全消失，并被造物主打磨建造，自我的存在才得以实现。

历史环境下的身份和意识解读和探索成为多恩研究向深层进展的一个标志。

Roston 在 "Donne and the Meditative Tradition" 一文中[21]，追溯了多恩的成长环境，通过对比天主教和新教，力图在宗教语境之下，确定多恩在宗教语场中的位置。在多恩的作品中，不仅看不到新教徒的积极乐观的性格特征，而且也和天主教徒没有干系。作者认为，多恩在改宗之后，虽然在信条上与英国国教保持一致，但可供争议之处颇多。作者指出，具有讽刺意义的是，正是多恩曾经背离的天主教传统对多恩的具有英国国教特色的布道文和《沉思录》产生了非凡的效果以及权力方面的张力。正如 Greenblatt 曾经强调的文学与其语境之间的相互塑造，我们从中看到对两种不同宗教背景的互文性分析也能产生意想不到的解读效果。

值得关注的是，2003 年的同一时期出现的 Sommerville[22] 和 Stewart[23] 的两篇文章，犹如在新历史主义的殿堂中突然闯入的两名不速之客，两位学者从不同的角度不约而同地对多年来的新历史主义与文学提出反思，其中的观点虽在学界中仍存争议，却让读者感到其中的认真与诚意。Sommerville 认为历史证据支持的是以前而非近来对多恩的解读。他再一次将多恩的文本和语境结合起来，查考多恩对皇家权力的态度，以此来反驳现代评论家们的"一个完全矛盾和颠覆性的多恩"形象。针对学界对多恩改宗的种种解释，他坚持认为多恩对天主教的"背叛"给自己留下了终生的创伤。他以 *Pseudo-Martyr* 为例，结合当时的语境，认为多恩对他的前教友们充满同情，作者认为 *Pseudo-Martyr* 的写作目的在于使天主教徒远离无意义的牺牲，削弱了为宗教目的使用暴力的状况，通过揭露一些虚假腐败的丑恶现象来扫清通向真理道路的障碍。Stewart 在阐述自己的观点时，认为一些文章中充斥着从社会科学中进口的伪科学词汇，这些新的"他"和"她"的历史主义事实上"毫不掩饰社会说教的表现形式"，在假装严谨的外表下，抄袭着社会学和人类学的术语。这些略显偏激的文字在评论文章中并不多见。

Greenblatt 的新历史主义理论告诉我们，批评者需要对自己阐释者地位有清醒的意识，在进行文学批评时伴随着强烈的自觉意识。因而没有绝对的客观批评，这只是阐释者主体在当下语境中努力去重建历史语境的一种表达。笔者认为，由于每个阐释者的"自我语境"不同，在阐释时所选取的学科元素必然有所差异。"主观性"是新历史主义的一个特点，这一特点决定了评论者在阐释某个文本时拥有属于个体的自由度和开放性。这也可视为多恩研究的一个进步。

新历史主义起初与莎士比亚的戏剧研究密切相关，却出乎意料地丰富了多恩研究的类别和内容。在梳理 20 余年浩多的各类多恩研究成果时，笔者紧紧围绕着多恩文本在历史语境中的当下主体性解读，突出政治观念、权利意识、社会形态和宗教理念等关键词。值得注意的是，多恩文本中的宗教意识和政治概念，常常难以厘清。超越了通常的政治概念范围，谈论多恩政治意识的文章，常常涉及多恩的宗教渊源，这离不开多恩个人背景中宗教与政治的密切联系，也是生活历史赋予多恩的身份特殊性。

书中所述多恩研究的三个阶段，就文学研究内容的复杂性而言，难以截然分清。虽各个阶段有其特别性，但也涉及一些交叉的共性。为了体现不同时代的研究特点，笔者努力在概念众多风格各异的各类评论文本中甄别梳理，去粗存精，盼望通过这样的"管窥"，反映不同时代的代表性声音。由于新历史主义理论源头众多，涵盖内容丰富，很难在这样的篇幅全面体现，实为不得已的遗憾。

参考文献：

[1] 陆贵山. 新历史主义文艺思潮解析 [J]. 中国人民大学学报，2005(5)：131.

[2] 刘萍. 历史与文本——论新历史主义文论的历史观 [J]. 湘潭大学学报，2011(1)：143.

[3] Dollimore Jonathan, *Radical Tragedy: Religion, Ideology and Power in the Drama of Shakespeare and his Contemporaries*, Chicago: University of Chicago Press, 1984: 180.

[4] 于永顺，张洋. 新历史主义的理论优势及当代意义 [J]. 辽宁师范大学学报，2007(9)：87.

[5] Arthur F Marotti, *John Donne, Coterie Poet*, Madison and London: University of Wisconsin Press, 1986:20.

[6] Radzinowicz Mary Ann, "The Politics of Donne's Silences"，in *The John Donne Journal* 7：1, 1988.

[7] Low Anthony, "Donne and the New Historicism", in *The John Donne*

Journal 7: 125–31, 1988.

[8] Goldberg Jonathan, *James I and the Politics of Literature: Jonson, Shakespeare, Donne, and Their Contemporaries*, Baltimore: Johns Hopkins University Press, 1983:81.

[9] Nicholls David, "The Political Theology of John Donne", in *Theological Studies*, 1988, 49: 45–66.

[10] Carrithers, "Love, Power, Dust Royall, Gavelkinde: Donne's Politics", in *The John Donne Journal* 11:39, 1992.

[11] Doebler Bettie Anne, *"Rooted Sorrow":Dying in Early Modern England*, Rutherford, N.J.: Fairleigh Dickinson University Press; London: Associated University Press, 1994:11.

[12] Flynn Dennis, *John Donne and the Ancient Catholic Nobility*, Bloomington: Indiana University Press, 1995, viii, P245.

[13] Strier Richard, "Donne and politics of devotion", in *Religion, Literature, and Politics in Post-Reformation England*, 1540–1688, Ed. Donna B.Hamilton and Richard Strier, 93–114, Cambridge:Cambridge University Press, 1996.

[14] Bowman Glen, "Every Man Is a Church in Himself: The Development of Donne's Ideas on the Relationship Between Individual Conscience and Human Authority", in *Fides et historia* 28: 58, 1997.

[15] Corthell Ronald, *Ideology and Desire in Renaissance Poetry: The Subject of Donne*, Detroit: Wayne State University Press, 1997.

[16] Beckett Lucy, "The Seventeenth Century I: Donne, Herbert and Milton", in *In the Light of Christ: Writings in the Western Tradition*, 274–302. San Francisco: Ignatius Press, 2000.

[17] Haskin Dayton, "Coleridge's Marginalia on the Seventeenth-Century Divines and the Perusal of Our Elder Writers", in *The John Donne Journal* 19: 311–

37, 2000.

[18] Fulton Thomas, "Hamlet's Inky Cloak and Donne's Satyres", in *The John Donne Journal* 20: 71–106, 2001.

[19] Papazian Mary Arshagouni, "The Augustinian Donne: How a 'Second S. Augustine'?", in *John Donne and the Protestant Reformation,* Ed. Mary Arshagouni Papazian, 66–89, Detroit: Wayne State University Press, 2003.

[20] Healy Thomas, "Performing the Self: Reformation History and the English Renaissance Lyric ", in *Performances of the Sacred in Late Medieval and Early Modern England*, Ed. Susanne Rupp, 74, Amsterdam: Rodopi, 2005.

[21] Roston Murray, "Donne and the Meditative Tradition ", in *Religion and Literature* 37, No.1: 45–68, 2005.

[22] Sommerville Johann P, "John Donne the Controversialist: The Poet as Political Thinker ", in *John Donne's Professional Lives*, Ed. David Colclough, 73–95, 2003.

[23] Stewart Stanley, "Reading Donne: Old and New His- and Her-storicisms", in *Reading the Renaissance:Ideas and Idioms from Shakespeare to Milton,* Ed. Marc Berley, 130–52. Pittsburgh: Duquesne University Press, 2003.

第十章　Donne 的汉译及其他

第一节　Donne 的汉译

　　Donne 的名字汉译,目前已有"但恩"、"邓恩"、"唐恩"、"邓"、"顿"、"多恩"(见傅浩 《英国玄学诗鼻祖约翰·但恩诗集》 2006 年,"译者序")等多个译名,目前最常见的是"邓恩"和"多恩"。由于英文名字的汉译原则主要是"音译",从发音上来讲,以上汉译并无太大差别。但我们选取一个名字,若仅考虑音译,必然会因为各个译者在发音上的细小差别及个人喜好而导致多个译名,且不同译名差别很大,容易给读者造成困惑。

　　笔者认为,译名除了音准之外,还需将中西文化和社会习惯结合起来考虑。在英国文学特别是较早期文学的传统中,人名往往有特定的含义。《沉思录》的完成,被 Donne 看作用生命诞生的婴儿,在 Donne 所有作品中享有独一无二的崇高地位,最真实地反映了 Donne 的心灵深处。读者可以看出整本书浸透了恩典意识,Donne 历经大劫而存活,整本书可视作恩典的见证。从 Donne 的一生来看,从"玩世不恭"的青年到"内省敬虔"的老年,Donne 的一生也是个恩典,且"恩典多多"。

　　笔者认为,Donne 译为"多恩",无论从发音还是内涵而言,都是上选。

第二节　*Devotions upon Emergent Occasions* 的译名

多恩的 *Devotions upon Emergent Occasions* 目前有多个译名，除林和生的"生死边缘沉思录"之外，还有"紧急状况下的祈祷"、"应急祷告"、"紧急时刻的祷告"、"在紧急际遇的灵修"等译名。其中最常见的是"紧急时刻的祷告"。由此可见关键的译词是"devotions"。当"devotions"一词用复数时，主要有两种意思："灵修"和"祈祷"。在 *Devotions upon Emergent Occasions* 中的每一章，都分为三部分："思考"、"自我勉励"和"祷告"。由此可见，"祷告"只是其中的一部分。如果我们把"devotions"译为"灵修"，应该贴切一些。从内容上来讲，*Devotions upon Emergent Occasions* 本身就是多恩在紧迫时刻的心灵体验，考虑到多恩圣保罗大教堂教长的宗教背景，笔者认为应该选用"灵修"这个术语，书名译为"紧急状况下的灵修"，无论从字面意义，还是书中内容来看，应该是切题合理的。

第三节　"神学冥想"14 首中的争战

多恩的"神学冥想"14 首是记录了多恩愿意上帝完全破碎自己，重塑自己的热切心境：

> Batter my heart, three-personed God; for you
> As yet but knock, breathe, shine, and seek to mend;
> That I may rise and stand, o'erthrow me, and bend
> Your force to break, blow, burn, and make me new.
> I, like an usurped town, to another due,
> Labor to admit you, but O, to no end;

Reason, your viceroy in me, me should defend,
but is captived, and proves weak or untrue.
yet dearly I love you, and would be loved fain,
But am betrothed unto your enemy.
Divorce me, untie or break that knot again;
Take me to you, imprison me, for I,
Except you enthrall me, never shall be free,
Nor even chaste, except you ravish me.

击打我心吧,三位一体的上帝:
至今你只是敲打、吹气、光照,设法修补;
为使我能爬起站立,推翻我吧,尽你
之力破碎我,鼓风,火炼,使我成为新体。
我像一座被侵占的城,强归于他人
我努力使你进驻,却徒劳无益,
理性——我心里的总督——本应保护我,
可它也被捕获,显明它的错谬和软弱无力。
然而(你慈爱地说)我爱你,也希望我能爱你,
但是我却订婚于你的仇敌,
让我和他离婚吧,再次解开或扯断那个纽带;
把我带回你身边,囚禁我,因我
永远不会自由,除非成为你的奴隶
我也永远不会贞洁,除非被你强行占据。

(张缨 译)

从诗中看来，对于原来的多恩而言，只是"敲打、吹气、光照，设法修补"是无济于事的。多恩所希望的，是在三位一体的上帝那里彻底的更新。但他深感自身的无奈，理性的有限。他的身心挣扎在"旧我"和"新我"之间，在新旧之间撕扯。他心中所爱的是"三位一体"的上帝，却偏偏（在肉身）许配给了上帝的"仇敌"。这个仇敌，国内学者有多种解释，但笔者认为，上帝的仇敌，只有一个清楚的指向：撒旦。

这首诗反映了多恩灵与肉的冲突，对应了圣经"罗马书"7章18—21节："我也知道在我里头，就是我肉体之中，没有良善。因为，立志为善由得我，只是行出来由不得我。故此，我所愿意的善，我反不做；我所不愿意的恶，我倒去做。若我去做所不愿意做的，就不是我做的，乃是住在我里头的罪做的。我觉得有个律，就是我愿意为善的时候，便有恶与我同在。"多恩的这首诗，正反映了"罗马书"里这种矛盾的心情。多恩的心灵愿意为善，但肉体却倾向于犯罪。他努力克服自己的软弱，却发现没有效果；通过理性来劝服自己，结果全然无用。这种灵与肉的争战，让多恩彻底放下自己，他祈求上帝夺取他的自由意志，以使他能够做真正想做的事。他也祈求上帝"强行占据"，使得自己能有纯一的信靠。

全书英文参考文献

Gosse, "The Life and Letters of John Donne, Dean of St. Paul's", Vol. 2 (1899; Gloucester, MA: Peter Smith, 1959).

Johnson, Samuel, *The lives of the English Poets: A Selection*. Ed. John Wain. London: Dent, 1975.

Sharon Cadman Seelig, " In Sickness and In Health: Donne's Devotions upon Emergent Occasions ", in *The John Donne Journal* 8(1989).

Roger B. Rollin, "John Donne's Holy Sonnets—The Sequel: Devotions upon Emergent Occations", in *The John Donne Journal* 13 (1994).

John Stubbs, *Donne, The Reformed Soul*, Penguin; Reprint edition (7 Jun 2007).

Ellrodt Robert. *Seven Metaphysical Poets: A Structural Study of the Unchanging Self*, Oxford: Oxford University Press, 2000.

Michael Schoenfeldt, *Bodies and Selves in Early Modern England*, Cambridge University Press, 1999.

Greteman, Blaine, "All this seed pearl: John Donne and Bodily Presence", in *College Literature* 37.3 (Summer 2010).

Robert Jungman, Mining for Augustinian Gold in John Donne's Meditation 17,

ANQ. 20.2 (Spring 2007).

Kate Gartner Frost, "'Bedded and bedrid': Severall Steps in Our. Sicknes", in *The John Donne Journal* 29(2010).

Achsah Guibbory.ed, *The Cambridge Companion to John Donne*, Cambridge University Press, 2006.

A.J.Smith, John Donne: *The Complete English Poems*, Hamondsorth: Penguin, 1971.

Arthur F.Marotti, *John Donne, Coterie Poet*, The University of Wisconsin Press, 1986.

Joan Bennett, *Four Metaphysical Poets*, Cambridge: The Cambridge University Press, 1953.

Cleanth Brooks, "The Language of Paradox" in *American Literary Criticism*, Moscow: Progress Publishers, 1981.

David L.Edwards, *John Donne: Man of Flesh and Spirit*, London and New York: Continuum, 2001.

David Reid, *The Metaphysical Poets*, Pearson Education, Ltd., 2000.

Franke J.Warnke, *European Metaphysical Poetry*, New Haven, 1961.

Gerald Hammond, ed., *The Metaphysical Poets*, The MacMillan Press Ltd, 1984.

H.J.Grierson, Introduction to the Poems of John Donne, Oxford: Clarendon Press, 1912.

Holy Bible, Good News Translation (Second Edition)/ Today's Chinese Version. United Bible Societies, New York, 1992.

Jadvyga Krūminienė, "John Donne's Sermons: Paradox as a Fundamental Structural Device", in *Theory and Practice in English Studies,* 2005.

James Winny, A Preface to Donne, New York: Longrnan Group Ltd., 1981.

John Donne, *John Donne's Devotions,* Classics Ethereal Library, 1959.

John Donne, *X Sermons Preached by that Late Learned and Rev.Divine John Donne*, The Kynoch Press, England, 1923.

John Carey, *John Donne: Life, Mind and Art*, Oxford University Press, New York, 1981.

Joan Bennett, *Five Metaphysical Poets*, Cambridge: The Cambridge University Press, 1964.

N.Rhodes.ed, *John Donne:Selected Prose*, London and New York:Penguin Books:1987.

Thomas N. Corns, *The Cambridge Companion to English Poetry, Donne to Marvell*, Cambridge University Press, 1993.

R.C. Bald, *John Donne: A life,* Oxford: Clarendon Press, 1970.

Katrin Ettenhuber, *Donne's Augustine: Renaissance Cultures of Interpretation*, Oxford University Press, USA, 2011.

Sandra Lee Dixon, *Augustine: The Scattered and Gathered Self,* Chalice Press, St. Louis, Missouri, USA, 1999.

Michael Hanby, *Augustine and Modernity*, Psychology Press, London and New York, 2003.

Eleonore Stump, Norman Kretzmann, *The Cambridge Companion to Augustine*, Cambridge University Press, 2001.

John D. Barbour, *The Value of Solitude: The Ethics and Spirituality of Aloneness in Autobiography*, University of Virginia Press, Charlottesville and London, 2004.

Phillip Cary, *Augustine's Invention of the Inner Self*, Oxford University Press, Oxford, New York, 2009.

Dollimore Jonathan, *Radical Tragedy: Religion, Ideology and Power in the Drama of Shakespeare and his Contemporaries*, Chicago: University of Chicago Press, 1984.

Radzinowicz Mary Ann, "The Politics of Donne's Silences", in *The John Donne Journal* 7

Low Anthony, "Donne and the New Historicism", in *The John Donne Journal* 7

Goldberg Jonathan, *James I and the Politics of Literature: Jonson, Shakespeare, Donne, and Their Contemporaries*, Baltimore: Johns Hopkins University Press, 1983

Nicholls David, "The Political Theology of John Donne", in *Theological Studies*, 1988.

Carrithers, "Love, Power, Dust Royall, Gavelkinde: Donne's Politics", in *The John Donne Journal* 11.

Doebler Bettie Anne, *"Rooted Sorrow":Dying in Early Modern England*, Rutherford, N.J.: Fairleigh Dickinson University Press; London: Associated University Press, 1994

Flynn Dennis, *John Donne and the Ancient Catholic Nobility*, Bloomington: Indiana University Press, 1995

Strier Richard, "Donne and politics of devotion", in *Religion, Literature, and Politics in Post-Reformation England, 1540–1688*, Cambridge:Cambridge University Press, 1996.

Bowman Glen, "Every Man Is a Church in Himself: The Development of Donne's Ideas on the Relationship Between Individual Conscience and Human Authority", in *Fides et historia*, 1997.

Corthell Ronald, *Ideology and Desire in Renaissance Poetry: The Subject of Donne*, Detroit: Wayne State University Press. 1997.

Beckett Lucy, "The Seventeenth Century I: Donne, Herbert and Milton", in *In the Light of Christ: Writings in the Western Tradition*, San Francisco: Ignatius Press, 2000.

Haskin Dayton, "Coleridge's Marginalia on the Seventeenth-Century Divines and the Perusal of Our Elder Writers", in *The John Donne Journal* 19.

Fulton Thomas, "Hamlet's Inky Cloak and Donne's Satyres", in *The John Donne Journal* 20.

Papazian Mary Arshagouni, "The Augustinian Donne: How a 'Second S. Augustine'?", in *John Donne and the Protestant Reformation*, Detroit: Wayne State University Press, 2003.

Healy Thomas, "Performing the Self: Reformation History and the English Renaissance Lyric ", in *Performances of the Sacred in Late Medieval and Early Modern England*, Ed. Susanne Rupp, 74, Amsterdam: Rodopi, 2005.

Roston Murray, "Donne and the Meditative Tradition ", in *Religion and Literature* 37.

Sommerville Johann P, "John Donne the Controversialist: The Poet as Political Thinker ", in *John Donne's Professional Lives*, Ed. David Colclough, 2003.

Stewart Stanley, "Reading Donne: Old and New His- and Her-storicisms", in *Reading the Renaissance:Ideas and Idioms from Shakespeare to Milton*, Ed. Marc Berley, Pittsburgh: Duquesne University Press, 2003.

Lovelock Tulian, *Donne: Songs and Sonnets*, Macmillan Education Ltd, 1973.

Smith A T, *John Donne:The Critical Heritage,* London and Boston, Routledge &Kegan Paul, 1975.

附录一：《沉思录》中的人物及背景

《沉思录》第一章

约伯：

圣经中"约伯记"的主角。在遭受撒旦的多次攻击后，失去财产也失去儿女自己的身体也遭受重创的境况下，依然存敬畏的心，认为从上帝那里受福也受祸，无论如何上帝的名是值得称颂的。上帝认为他是自己喜悦的仆人，远离恶事，完全正直。灾难之后，他从上帝那里得到了加倍的祝福。

雅各：

雅各是亚伯拉罕的儿子以撒的次子，出生时用手抓着孪生哥哥以扫的脚跟，故取名"雅各"（"抓住"的意思）。他曾用"一碗红豆汤"为代价换取以扫的长子名分，又与其母利百加合谋骗取父亲以撒的祝福。因害怕以扫报复，逃往哈兰投奔舅父拉班，娶表妹利亚、拉结为妻，又收使女辟拉、悉帕为妾，共生子12人。后来，雅各带领全家返回迦南地，走到雅博渡口与上帝摔跤，上帝使他瘸了腿，并给他改名为"以色列"。雅各晚年因逃避饥荒被其子约瑟接往埃及，在歌珊地定居，并终老在那里。圣经"创世记"28章中记载着雅各为了逃避哥哥以扫，来到一个地方，困倦入睡之后，梦见一个梯子立在地上，有上帝的使者在梯子上，上去下来。上帝在这里晓谕雅各必不离弃他，无论他往哪里去，必蒙保佑，并要领他归回这地。雅各睡醒了，说："耶和华真在这里！我竟不知道。"

所罗门：

古代以色列王国第三位国王。在耶路撒冷做王40年，是大卫的儿子，犹太人智慧之王。相传著有《箴富》、《所罗门智慧书》、《雅歌》、《传道书》等作品，同时对动物植物也有广泛研究。

所罗门王是犹太民族历史上最伟大的君王，也是世界上最传奇的君王。据圣经记载，所罗门在20岁登基后，他在梦中向上帝祈求智慧，上帝不仅赐给他无与伦比的智慧，还赐给他无尽的荣耀、财富以及美德。所罗门王创造的巨大财富，在当时是前所未有的，比父亲大卫在位时期有更进一步的发展。大卫和所罗门统治时期可以说是以色列民族统一王国存在年代中无可比拟的黄金时代。晚年因为娶了许多外族女子，随从她们建立偶像，导致以色列分裂为两部分。

《沉思录》第二章

大卫：

大卫是以色列的第二位国王，属于以色列犹大支派。以色列王第一位王扫罗阵亡后，大卫在希伯仑立为犹大家的王，7年半后再被立为全以色列的王，并继续统治33年，计为王40年有余。其间因基列雅比人埋葬扫罗而厚待他们。因着与扫罗之子约拿单的友情，恩待约拿单的儿子米非波设，使其常与他同席吃饭。住在香柏木宫中的大卫，见上帝的约柜反在幔子里，基于敬畏的心而兴起为上帝建殿的念头，但神指示建殿之事将由他的后裔接续王位后完成。

大卫竭尽全力为建殿预备材料，又聚集百姓宣述建殿之意，激励全民尽心乐捐。一生遵从上帝，为上帝所喜悦。但犯有两宗大错：第一与手下大将乌利亚之妻拔示巴同房，谋杀乌利亚，然后将拔示巴据为己有。第二，为显荣自己而数点百姓。为惩罚大卫，上帝用瘟疫杀死百姓70 000人。大卫为自己的罪在上帝面前深深痛悔。但大卫一生屡立战功，敬畏上帝，为民众热爱。

扫罗：

扫罗是以色列犹太人进入王国时期的第一个王，公元前1020—前1000年在位。他的做王标志着士师时代的结束。他在位期间建立了一支强大的军队，与腓力士人作战并取得了胜利，在一定程度上促进了以色列犹太民族的统一。扫罗在位期间，因嫉妒大卫的成功，多年追杀大卫，其间因为没有顺服上帝的命令，导致失去王位。

米非波设：

米非波设是约拿单的儿子，以色列前国王扫罗的孙子。小时候战乱，跟着大人跑路的时候摔瘸了，腿脚不太便利。后来大卫统一以色列，为了纪念自己和约拿单的友情，就厚待约拿单的这个儿子，常和他同席吃饭。米非波设感恩大卫，认为自己在王的面前不过如死狗一般，竟蒙此恩待。

挪亚：

在挪亚那个时代，上帝看地上的人终日所思尽都是恶，便决定用洪水毁灭世界。在罪孽深重的人群中，只有挪亚在上帝眼前蒙恩。上帝启示挪亚用歌斐木建造方舟，挪亚遵行上帝的话，一边赶造方舟，一边劝告世人悔改其行为。在独立无援的情况下，花了整整120年时间终于造成了一只庞大的方舟，把全家八口搬了进去，各种飞禽走兽也一对对赶来，有条不紊地进入方舟。7天后，洪水自天而降，一连下了40个昼夜，人群和动植物全部陷入没顶之灾。

除挪亚一家人以外，亚当和夏娃的其他后代都被洪水吞没了，连世界上最高的山峰都低于水面 7 米。

摩西：

公元前 13 世纪时犹太人的民族领袖。按照以色列人的传承，摩西五经便是由其所著。根据圣经"出埃及记"的记载，摩西受上帝之命，率领被奴役 400 年的希伯来人（以色列人）逃离古埃及，前往应许之地迦南，并颁布上帝的 10 条诫命。经历 40 年的艰难跋涉，他在即将到达目的地的时候离世了。摩西是先知中最伟大的一位。他曾亲自和上帝接谈，受他的启示，被上帝称为"比众人都谦和的人"。他领导以色列人前往迦南地的途中，经历了许多神迹。

《沉思录》第三章

耶利米：

他是圣经中犹大国灭国前最黑暗时的一位先知，圣经中"耶利米书"、"耶利米哀歌"的作者。他被称作"流泪的先知"，因为他明知犹大国远离上帝后，所注定的悲哀命运，但不能改变他们顽梗的心。上帝吩咐耶利米不要结婚，不要生儿养女，因为审判就快临到犹大，要将下一代完全扫灭。他是一个传讲上帝审判的先知，遭到国王贵胄的强烈抵挡。一生孤独，只有少数几个朋友。耶利米生性怯懦，但宣讲上帝的审判时却十分勇敢。当初上帝呼召耶利米宣讲他的话时，耶利米说自己是年幼的，但上帝却鼓励他勇敢去行，因为已经把当说的话放在他口中。

哈巴谷：

圣经中的一位先知，"哈巴谷书"的作者。他就自己不明白的事情向上帝提问，与上帝探讨。他不明白为什么世界上充满强暴，上帝还不拯救。在与上帝的对话中，先前的质疑变成了歌颂，哀求变成了欢呼。

以利亚：

圣经旧约中一位重要的先知。生活在列王时代，那时以色列民族国家分裂，是极混乱、堕落、败坏、黑暗的时期。圣经中记载了有关以利亚的几件大事：他预言3年旱灾，在此期间，被上帝带到基立溪旁，由一个乌鸦供养，后又去西顿的撒勒法一个寡妇那里，当寡妇拿出仅有的一点面和一点油为他做饼时，他行神迹使寡妇坛里的面和瓶里的油都不缺少，直到雨降到地上的日子。他与巴力的450名先知论辩，大大得胜。后受到王后耶洗别的迫害，逃至何烈山，坐在一棵罗腾树下软弱求死。蒙上帝指示膏抹以利沙接续他的工作，后乘旋风升天。

《沉思录》第四章

亚撒：

曾祖所罗门，祖父罗波安，父亚比央。所罗门去世后，罗波安即位，既无其父的智慧谋略，又不肯采纳民意，造成分裂局面。亚比央（亦名亚比雅）继位仅3年（公元前913—公元前910），无所作为，留给亚撒的是一个动荡不安、摇摇欲坠的王国。亚撒即位不久，世界局势发生剧变，在敌人的威胁和入侵迫在眉睫之际，亚撒笃志靠神，多次将企图瓜分、征服或毁灭犹大的敌人逐出国土或予以击溃。（历代志下：14：1-8）亚撒进而又于国内清除了异神崇拜。然而亚撒在位既久，也渐渐疏于敬神。他为了迫使以色列王巴沙从犹大撤兵，竟以圣殿金银去贿买大马色王便哈达，企图借外兵达到目的。亚撒在位共41年，最后数年已大病不能起，但却仍"没有求耶和华，只求医生"（历代志下：16：12）。

希西家：

希西家的事记载在圣经"历代志下"。他在 25 岁就登基为王，正值国家危急之秋，由于行上帝眼中看为正的事，因而得上帝的怜悯，得以成功脱离亚述大军的攻击和一场致死的大病。在这次大病中，因着他的流泪祷告，上帝加添了他 15 年的寿数。希西家面临亚述大军压境，国家危在旦夕，他退到上帝面前祷告，并且差人去见先知以赛亚求指引，先知回报国王不要惧怕。其后，上帝派一天使一夜之间击杀了亚述全军，只余下亚述王西拿基立。不过，他亦曾做了一件糊涂事，就是容许巴比伦王的使者参观自己的宝库和武库。其后，上帝通过以赛亚先知提出责备，并预言巴比伦将来要掳走他们，也要掳走所有的财物。希西家是犹大国最好的君王之一，他一心敬畏上帝，恢复圣殿敬拜，带领百姓侍奉耶和华，遵守逾越节，废去邱坛，砍下木偶，打碎铜蛇，恒切进行宗教改革。圣经记载希西家侍上帝，在他前后的犹大列王中没有一个及他的。

米利暗：

摩西的姐姐，也是一位女先知。根据圣经"出埃及记"的记载，埃及法老命令杀死新生的希伯来男孩，约基别生下摩西以后，就派姐姐米利暗把婴儿放在河边芦荻中，被法老的女儿发现并收养。米利暗又建议法老的女儿雇用约基别为奶妈。从此，摩西就在皇宫中养育。摩西带领以色列人离开埃及，前往上帝所应许的流迦南地（巴勒斯坦的古地名，在今天约旦河与死海的西岸一带）。当法老的军队淹死在红海中，无法追上以色列人时，米利暗领头唱起庆祝胜利的歌曲。后来，她因为不满摩西娶了一位古实女子，就毁谤他，因而患了大麻风。摩西为她哀求上帝，她的疾病在 7 天后得到复原。

《沉思录》第五章

拉撒路：

圣经中"约翰福音"中记载的一位死而复活的人。他的两位姐姐马大和马利亚是耶稣的好朋友，拉撒路患病的时候，就请人告知耶稣。当耶稣来到时，拉撒路已经被埋葬了，但耶稣却说拉撒路必然复活。果真，当耶稣祷告之后，拉撒路复活了，他从坟墓中走了出来，令众人转悲为喜。

马大：

马大和她妹妹马利亚是伯大尼村的一对姊妹，弟弟是拉撒路。马大善于理家，常常接待耶稣和他的门徒，有一次因忙乱心烦，向正在安静听道的妹妹马利亚发怨言，嫌她不来帮忙，却被耶稣责备，说马大为许多的事愁烦，却少了最重要的一件：就是安静在耶稣脚前聆听。

《沉思录》第六章

希律：

这个希律王名为希律·安提帕，他与兄弟的妻子希罗底结合是公开的秘密。施洗约翰指责他这个妻子娶得不合理，希罗底便怀恨约翰，想要杀他，只是不能，因为希律王知道约翰是个义人，所以敬畏他、保护他。后来在一次宴席中，希罗底的女儿出来跳舞，使希律王很开心，他便决定满足这女孩一个要求。希罗底就教唆女儿要施洗约翰的头，希律王虽甚是忧愁，因他起了誓，就不能推辞，终于斩了施洗约翰。

约翰：

指施洗约翰。在耶稣出来传道之前，他作为"先行官"，预备人心。穿骆驼毛衣服，腰束皮带，靠吃蝗虫和野蜜为生。当时的希律王做了一件不合理的事，施洗约翰不畏王权与自身的安危，勇敢指出王的罪，最后因王后设计报复，被砍下头颅而殉道。

亚当：

上帝所造的第一个人。因为和妻子夏娃违背了上帝的命令，偷吃了分辨善恶树上的果子，听到上帝寻找他们的声音就惧怕。

约瑟：

这个约瑟指的是亚利马太人约瑟，是耶稣的门徒，因为怕犹太人，就暗暗做门徒，在耶稣死后，他来求处死耶稣的彼拉多，把耶稣的身体领回。这个情节记载在"约翰福音"19章。

基甸：

当年以色列人行上帝眼中为恶的事，上帝就把以色列人交到米甸人手中，使他们受苦7年。以色列人极其困苦，就呼求上帝。上帝的使者向基甸显现，召他出来拯救以色列人脱离米甸人的欺压。基甸率领以色列人与米甸人对阵时，以色列人只有三万二千人，而米甸人却有十三万五千人。但上帝让基甸先把军兵减少到一万，后又减少到三百，最后靠着这三百人大获全胜。

《沉思录》第七章

约押：

大卫姐姐洗鲁雅之子，也是大卫军队的元帅。在押沙龙叛乱期间，约押作为大卫部队的指挥官,发挥了举足轻重的作用。押沙龙,大卫的儿子之一,聚集了大部分以色列人反抗大卫,大卫被迫逃离,只有他最信任的人和他在一起。大卫命令他的部下不得伤害押沙龙。但是,约押和他的人杀死了押沙龙。约押违背大卫的意志,杀害了以色列的两名元帅,后在所罗门执政时期被处死。

保罗:

最具有影响力的早期基督教传教士之一,被称为"外邦人"的使徒。早期的基督教徒因被视为异教徒而遭受迫害,保罗曾一时参加过这种迫害活动。但是一次在前往大马士革的旅途中,耶稣在异象中同他讲话,从此他改变了宗教信仰,这是他一生的转折点。在诸多使徒与传教士之中,保罗通常被认为是在整个基督教历史上非常重要的一个人,新约圣经约有一半是由他所写。他在整个罗马帝国的早期基督教社群之中传播基督的福音。自三十几岁至五十几岁,他在小亚细亚建立了好几个教会,在欧洲建立了至少三个。他一生中至少进行了三次漫长的宣教之旅,足迹遍至小亚细亚、希腊、意大利各地,在外邦人中建立了许多教会,影响深远。

提摩太:

提摩太是保罗许多次旅程的同伴。他的母亲友尼基和外祖母罗以都以虔诚著称。保罗第二次来到路司得时首次提到提摩太,可能他居住在那里,大约是在保罗第一次来到该城期间他接受了信仰。他与保罗一同旅行布道,去了许多地方,被保罗称为"信仰里的真儿子"。

路加:

路加是位医生,是欧洲信主最早者之一,在使徒保罗第一次与第二次旅行传道时,路加都曾与他同工。后来,保罗在该撒利亚候审,2年后又坐船到罗马去受审,在这艰难严峻的岁月中,路加一直没有离开保罗。

摩西岳父：

摩西的岳父米甸祭司叶忒罗，知道了摩西在上帝的指示下，带领以色列百姓从埃及出来了，便带着摩西的妻子和两个儿子来到摩西这里，他看到摩西坐在帐篷内处理百姓的事情，众百姓从早到晚都站在摩西的左右，就建议摩西从百姓当中挑选一些有才能正直的人，派他们做千夫长、百夫长、五十夫长、十夫长，管理百姓，叫他们随时审判百姓的事，大事就呈到摩西这里，小事就让他们自己审判。摩西欣然采纳了这个建议。

抹大拉的马利亚：

耶稣所到之处，不仅布道，而且医病赶鬼，他治好了抹大拉的马利亚，赶出她身上的鬼。她信基督教后，奉献自己的财物，供给耶稣和门徒。耶稣周游各城各乡传道时，与他同行的除了十二个门徒以外，还有他所医治的几个妇女，抹大拉的马利亚就是其中的一位。当耶稣被带往审判时，门徒都离开他逃走了，但她跟耶稣到十字架下，亲眼见证耶稣的受死埋葬，又在七日的第一日，去耶稣的坟墓，首先被天使告知耶稣的复活。

亚伯拉罕：

"亚伯拉罕"意为"多国之父"。同时也是传说中希伯来民族和阿拉伯民族的共同祖先。他原名亚伯兰，上帝让亚伯兰离开自己的家族，他听从指示，扶老携幼，辗转迁徙到迦南的幔利橡树地定居，其时亚伯兰已75岁。神令亚伯兰改名为亚伯拉罕。他和妻子撒莱膝下无子，但上帝说必赐他们一个孩子，后来亚伯拉罕在百岁之时得了一子，取名以撒，爱之如掌上明珠。一天，上帝呼叫亚伯拉罕，命他将爱子以撒作为牺牲献给上帝。笃信神的亚伯拉罕带着孩子和祭具到摩利亚山上去行祭。孩子不知自己就是祭品，问父亲祭祀为何不带祭品？父子俩到了山上，亚伯拉罕做好一切准备，正欲将儿子放上祭坛动刀砍杀时，神的使者从天上呼叫他，天使说："你不可在这童子身上下手，一点也不可害他。现在我知道你是敬畏神的了，因为你没有将你的儿子，就是你的独生的儿子，留下不给我。"因着亚伯拉罕极大的顺服和信心，上帝应许他的后裔会如天上的星和海边的沙一样多。亚伯拉罕也被尊称为"信心之父"。

罗德：

亚伯拉罕的侄儿。亚伯拉罕出吾珥的时候，就带着这个侄儿。他十分爱这个侄子，每次得到什么好东西，都会分给罗德一份。后来因为仆人之间的争斗，分开居住。罗德渐渐挪移帐篷到所多玛。在上帝即将灭所多玛之前，派天使搭救罗德一家，天使催促罗德一家快跑，但罗德的妻子因为不听天使劝告，在逃跑时回望，变成盐柱。

拉撒路：

这位拉撒路不是耶稣使他从死里复活的拉撒路，而是一位在世受苦，死后靠在亚伯拉罕怀中享福的拉撒路。

西拿基立：

犹大王希西家背叛了亚述王，亚述王西拿基立攻占了犹大所有的坚固城，并打发人劝希西家投降。希西家处于绝境，就上圣殿去祷告。上帝垂听祈求，当夜，上帝的使者出去，在亚述营中杀了十八万五千人。清早有人起来一看，都是死尸了。

亚述王西拿基立就拔营回去。一日，在他的神庙里叩拜时，他儿子亚得米勒和沙利色用刀杀了他。

《沉思录》第八章

亚劳拿：

大卫因为在数点百姓的事上得罪了上帝，上帝降瘟疫给以色列人。正当天使伸手灭耶路撒冷城的时候，上帝停止了降灾。上帝指示大卫在亚劳拿的脱谷场为他筑一座坛，这样灾殃才会终止。亚劳拿想把脱谷场及献祭所需的牛和柴一并免费送给大卫，但大卫不肯用白得之物做燔祭。

约沙法：

根据圣经"历代志下"17章记载，约沙法在位第三年，差遣大臣便亥伊勒、俄巴底、撒迦利雅、拿坦业、米该亚，带着上帝的律法书，周游犹大各城去教训百姓；周围的列国都畏惧耶和华，不敢与约沙法争战。非利士人给约沙法纳来贡银；亚拉伯人也送他羊群1万多只。

《沉思录》第九章

以赛亚：

公元前8世纪古代以色列先知。通常被人认为是写作先知中最伟大的一位。所著"以赛亚书"中前半部分的重点在于审判，而后半部分显然是安慰、鼓励人的信息。"以赛亚书"中最不寻常的部分是有关"耶和华的仆人"的段落，即第42、49、52、53章。其中预言了耶稣的到来以及对人类的拯救。

《沉思录》第九章

犹大：

加略人犹大，耶稣基督的使徒；三十枚银币出卖了耶稣。耶稣死后，犹大因流了义人的血而自杀。

亚伯和该隐：

是亚当夏娃生的第一代。该隐为兄，亚伯为弟。亚伯是牧羊的，该隐是种地的。该隐将地里的土产献给上帝，亚伯也将羊群中头生的羊和脂油献上。上帝看中了亚伯的祭物，该隐就大大发怒。一天在田间的时候，就将亚伯杀了。

《沉思录》第十一章

撒母耳：

撒母耳是以色列人进入君王时期前最后一位掌权的士师，也是膏立以色列王（扫罗和大卫）的先知。撒母耳集先知、祭司与士师三种职分于一身，代表以色列百姓向神献燔祭，每年巡行各处，并在伯特利、吉甲、米斯巴、拉玛等处审判以色列人。在撒母耳的带领之下，以色列百姓全家都倾向耶和华，专心归向他。

撒母耳守道至老，未曾欺负百姓，虐待百姓，或收受贿赂。扫罗违命犯罪，撒母耳深加斥责。上帝厌弃扫罗，差遣撒母耳到伯利恒膏立大卫。撒母耳直到老年时，仍被上帝用。

拿八：

圣经中的人物，迦勒族的人。他的妻名叫亚比该，是聪明俊美的妇人。拿八为人刚愎凶恶。大卫曾派人向拿八求助，拿八粗鲁地辱骂了他们。大卫甚怒，准备向拿八报仇。但拿八之妻却为大卫送上丰厚的礼物，使大卫放弃复仇的行动。后不久上帝击打了拿八，拿八就死了。

《沉思录》第十四章

约翰：

这位约翰是圣经新约中"约翰福音"、三封书信和"启示录"的执笔者，被认为是耶稣所爱的门徒。本与哥哥雅各同是性情冲动之人，但从后来约翰的表现和书信中经常强调的爱的教训，并吩咐信徒永记"彼此相爱"的命令中可见，他在所受的教导下出现相当大的转变。当约翰在福音书叙述自己时，总不提自己的名字，只称为"主所爱的门徒"。在耶稣被钉上十字架受死之时，受委托奉养耶稣的母亲。约翰曾因传道遭受严酷的逼迫，晚年更被流放拔摩岛。约翰之所以被称作"爱的使徒"，因为他讲到爱的重要性比其他任何新约作者都要多。

该犹：

这个名字在初期教会时代，是个非常常见的名字。此处的该犹出现在约翰三书中。他乐意接待客人，成为当时有名的"好客之士"。

《沉思录》第十五章

约拿：

约拿做先知是在以色列耶罗波安第二做王之前，约在公元前800年，他接到上帝的命令，要他到当时亚述的首都尼尼微城传警告，因为亚述与以色列是敌国，且经常入侵以色列，约拿先知因此抗命，想逃往他施（Tarshish）。他所乘坐的船只遇到风浪，当船员们得知祸患的起因是因为约拿时，约拿被抛下海中，上帝安排一条大鱼吞了他，他在鱼腹中三日三夜，后来悔改，上帝让鱼将其吐在岸边。约拿去了尼尼微城，尼尼微人出乎意料地悔改蒙恩。但后来尼尼微人仍陷在自大与恶之中，最后亡于巴比伦国。

参孙：

圣经"士师记"中的犹太人士师，生于公元前11世纪的以色列，凭借上帝所赐极大的力气，徒手击杀雄狮，并只身与以色列的外敌非利士人争战周旋。非利士让参孙的女人大利拉（也是非利士人）套出参孙神力的秘密，挖其双眼并因于监狱中受尽折磨。后来，参孙向上帝悔改，上帝再次赐予力量，在非利士人的一次集会中，参孙抱住神庙支柱，身体前倾，导致柱子及房子倒塌，压死了在庙中的非利士人，参孙也因此牺牲。

《沉思录》第十八章

亚伦：

他是摩西的兄长，他协助摩西率领以色列人出埃及。在旷野建立会幕后，亚伦被立为祭司。亚伦是摩西的代言人。圣经"出埃及记"32章1—35节记述，摩西上西乃山40天，以色列人见摩西迟延不下来，就要求亚伦制造了一个金牛犊当作神像。亚伦居然答应他们的要求，招致上帝向会众发怒。

心利：

据圣经记载，犹大王亚撒27年，心利在得撒做王七日。那时民正安营围攻非利士的基比顿。民在营中听说心利背叛，又杀了王，故此以色列众人当日在营中立元帅暗利作以色列王。暗利率领以色列众人从基比顿上去，围困得撒。心利见城破失，就进了王宫的卫所，放火焚烧宫殿，自焚而死。

《沉思录》第二十三章

约书亚：

是继摩西后，以色列人的首领。他的主要事迹记载在旧约"申命记"、"约书亚记"等章节中。摩西带领以色列人逃出了为奴之地的埃及，并与上帝耶和华立约，但却没能带领以色列人进入上帝赐给他们那"留着奶和蜜"的迦南美地。当时迦南之地有其他众多民族，约书亚带领以色列人用武力攻占了迦南诸城，征服了迦南全境，形成了古以色列王国的雏形。摩西差遣十二个探子在迦南地窥探时，十个探子都害怕敌人，并且报告恶信。但是约书亚不怕仇敌的高大、强壮，他勇敢地勉励百姓，靠上帝进军迦南。

附录二：《沉思录》中的典故和特殊词汇

西罗亚大楼：

耶稣在"路加福音"13章中教育众人，要认罪悔改，他说："从前西罗亚楼倒塌了，压死十八个人，你们以为那些人比一切住在耶路撒冷的人更有罪吗？我告诉你们：不是的！你们若不悔改，都要如此灭亡！"

吗哪：

根据"出埃及记"16章记载，吗哪出现于以色列人出埃及后第二个月的15日，当时摩西领以色列人到达以琳和西乃之间的汛的旷野没有东西吃，于是以色列人向摩西抱怨快要饿死。上帝应许摩西将要赐食物予以色列人。早晨，在营四围的地上有露水。露水上升之后，野地面上有如白霜的小圆物。这就是吗哪，形状仿佛芫荽子，又好像珍珠，是白色的。以色列人把吗哪收起来，或用磨推，或用臼捣，煮在锅中，又做成饼，滋味好像新油。从那一天开始，以色列民一连吃了40年，从不间断。通常会一连降六天，只是在安息日停降一日，让百姓遵守安息日，因此第六天所降的，会是双倍分量；头五天所降的，必须即日吃完，否则留到早上，便会生虫变臭；第六天所降的，则可留至第二天也不变坏。直到约书亚带领百姓过了约旦河，到达迦南地，并且吃了迦南地的出产之后，才停止降下吗哪。

撒都该人和法利赛人：

撒都该人和法利赛人都是宗教界的上层人士，但信仰却截然不同。法利赛人相信身体复活；撒都该人却不信，他们只遵从摩西五经。法利赛人较为保守，过于注重宗教礼仪和规条，法利赛人以上帝的律法和犹太传统的解释作为基础，看重他们的律法过于人的需要。撒都该人的政治意识较重。撒都该人说没有复活，也没有天使和灵，法利赛人却说两样都有。

铜蛇：

圣经"民数记"21章中记载，以色列人从何珥山出发前往红海，受到了挫折便开始抱怨上帝和摩西，上帝便降下火蛇惩罚以色列人，以色列人死了许多。

百姓恳求摩西祷告上帝，叫这些蛇离开他们。于是，摩西为百姓祷告。上帝对摩西说："你制造一条火蛇，挂在杆子上，凡被咬的，一望这蛇，就必得活。"摩西便制造一条铜蛇，挂在杆子上，凡被蛇咬的，一望这铜蛇，就活了。

有斑点的羊：

圣经"创世记"30—31章记载，雅各服侍自己的舅舅拉班20年之后，决定离开拉班归回故土。他要拉班把绵羊中凡有点的、有斑的和黑色的，并山羊中凡有斑的、有点的，都挑出来，算他的工钱。拉班同意了。雅各也用计策，使羊生下有纹的、有点的、有斑的来。最后，雅各所得的羊，不仅众多，而且肥壮。

巴兰的驴子：

出自圣经"民数记"22章。以色列人从埃及出来，经过西奈半岛的旷野。

他们在旷野里走了40年漫长迂回的道路，来到约旦河东摩押平原。摩押王看到以色列人这么多，心里非常害怕，于是派人去请先知巴兰来诅咒他们。古人相信先知的话有一种魔力：他祝福谁，谁就兴旺发达；他诅咒谁，谁就灭亡败落。巴兰骑上驴应邀前去。上帝为了保护以色列人，就派天使拦阻他。天使手里拿着拔出来的刀站在路上。驴看见天使，不敢再往前走，就跨进田里。于是巴兰打驴，叫它回转上路。后来走到葡萄园之间的窄路上，两边都有墙。天使在前边拔刀站立，驴就紧贴着墙走，把巴兰的脚挤伤了。巴兰用力打驴，驴又向前走了不远。因为道路过于狭窄，前边又有天使拦路，它实在走不过去，就只好卧在地上。巴兰大怒用杖狠狠打驴。于是上帝叫驴开口说话："我怎么对不起你了，你竟打了我三次？""因为你戏弄我，我恨不得手里有刀把你宰了！""我不是你的驴吗？你从小到现在一直骑我。我平常像你这样做过吗？""没有……"这时上帝使巴兰的眼睛明亮，他就看见天使拿刀站在路上。巴兰吓得伏在地上。天使说："你为什么三次打你的驴呢？因为你走的道路不正，所以我前来阻挡你。驴看见我就三次偏转过去，它若不这样偏转，我早就把你杀了。"

（以上内容部分参考"百度百科"）

附录三：多恩大事年表

1572年元月21日　多恩出生。父亲为伦敦富商，母亲信奉天主教。

4岁　父亲去世，随后不久，母亲改嫁。

12岁　考入牛津大学。

15岁　转入剑桥大学三一学院。

20岁　进入林肯法学院。

25岁　就任英国掌玺大臣托马斯·伊格顿爵士秘书，履职4年。

29岁　与伊格顿爵士侄女安妮·莫尔秘密结婚。

30岁　因坦白婚事，被投入狱，但听众法院确认婚姻有效。此时，经济穷困，安妮一位表兄为他们提供食宿。

35—38岁　期间协助教士托马斯·莫顿撰写反对罗马教会的论战文章。莫顿被任命为格罗切斯特教区的主教之后，曾希望多恩接受圣职，但多恩自认不配。38岁时，《伪殉教士》出版，多恩专程去劳埃斯顿献给詹姆士一世一册。多恩于同年4月获牛津大学名誉文学硕士学位。

39岁　《伊戈纳修斯，其教皇选举会议》出版。

40—42岁　先后三子一女夭亡，并流产一个孩子。42岁时，多恩患眼疾，久治不愈，几乎失明。妻子莫尔感染一种流行病。

43 岁　1615 年 1 月，多恩接受詹姆士一世的劝诫，担任圣保罗大教堂副主祭及牧师。这无疑可视为多恩一生最为重大的转折。从此他放下世俗事物，进入神职事工。3 月，获剑桥大学名誉神学博士学位。

44 岁　1 月，被任命为汉汀顿郡基斯顿镇教区长。4 月，在白厅给皇室大臣讲道。7 月，被赠予肯特郡塞维诺克斯镇教区长头衔。10 月，被聘为林肯法学院神学讲师。

45 岁　首次在圣保罗十字架大教堂布道。当年 8 月，妻子莫尔离世，仅 33 岁。多恩此后没有婚娶，与余下七子艰辛度日。

46 岁　在宫廷及林肯法学院布道。

47 岁　詹姆士一世任命多恩为随军牧师，随唐卡斯特子爵出使德国，此行有一年之久。其间在海德堡给德国亲王和王妃布道，并在归国途中于海牙布道。

49 岁　多恩被任命为圣保罗大教堂的教长。

51 岁　患回归热，病情危急，病中著《生死边缘的沉思录》。

52 岁　2 月，《生死边缘的沉思录》出版。3 月，被聘为圣丹斯坦大教堂教区牧师。期间听众云集，教堂不得不为扩充席位进行改造。

53 岁　3 月，国王詹姆士一世逝世。4 月，第一次为查尔斯王子布道。此年，伦敦大瘟疫爆发。

55 岁　《生死边缘的沉思录》再版。

58 岁　在圣保罗大教堂和宫廷等处布道。8 月重病，12 月 3 日写下遗嘱。

59 岁　1 月，母亲去世。2 月 25 日，于白厅小教堂进行最后一次宫廷布道，布道文《与死决斗》（Death's Duel）于第二年出版。3 月 21 日，最后一次处理教会事务。在病危的日子里，与众友人平静道别。3 月 31 日，多恩离世。4 月 3 日，葬于圣保罗大教堂。

后　记

多年前，当我开始了解多恩时，就想到奥古斯丁，想到他们命运中奇妙的相似。那时，我就萌动了想将他们做一比较的想法。及至读到《沉思录》，看到多恩对这位先于自己1 200多年的智者所生发的心灵共鸣和感佩之情，更感到这种跨越时空的灵性契合值得探索。在完成这部书稿的过程中，我与奥古斯丁遥遥相望，而多恩，更被我视为心灵诤友。

对于多恩，我尚有诸多的疑问：奥古斯丁在从摩尼教皈依天主教的时候，是花园传来孩童般稚嫩的声音引发了他的心灵顿悟，而多恩的生命中，是否也存在这样的一刻呢？我还想知道，多恩在步入中年之时遇到正值妙龄的安妮·莫尔，在步入幸福婚姻的同时也陷入仕途的困境，这段十几年的婚姻中一边是莫尔密集的生子之痛，一边是多恩壮志难酬的郁闷之情，多恩也在诗文中极少提及自己的婚姻，莫尔的早逝是否给了这段婚姻一个悲剧的暗示呢？而此后多恩立志不再婚娶，独自带着七个孩子隐忍度日似乎又在提醒读者多恩对于爱情的坚守如一，从多恩一生唯一的一次婚姻看来，是不是可以让我们对多恩的爱情诗进行更全面深入的思考呢？是不是因为多恩过早地失去了莫尔的爱，从而使他转向"神学，中年时的伴侣"呢？的确，有关多恩生活的许多谜团，留给今人，只能在当初有限的资料中去挖掘、猜测，多恩的一生是交织着爱情的悲喜、事业的沉浮、信仰的更新，最后在恩典的仰望中结束的一段丰富而坎坷的旅程。

在《沉思录》中，多恩多次表明了自己对早年生活的追悔。他在第三章的"自我勉励"中写道："主啊，你让我躺在这张床上，该不是责备我？该不是因我早年的罪孽责骂我？"在第十章的"祷告"中，他又再次为青年时代所犯的罪进行忏悔，他很清楚自己必须自责。多恩不断的自我否定和自我更新意识使他后来的作品呈现出和早期迥然不同的内在品质，多恩在忏悔中与旧日划出清晰的界限，是在提醒读者，我们对多恩的认识应该有一个新的焦点，那个年轻时生活放纵耽于世俗的多恩在诗人的心中已经渐渐远去了，并且羞于提及。在多恩后来布道时，曾有听众就多恩早期的艳情诗提问，这使多恩尴尬至极。我们对多恩的进一步认识，离不开对后期作品的研读，《沉思录》作为多恩内心隐秘的最真实直接的吐露，作为多恩在危病之榻上给世界的"留言"，无疑对我们研究多恩提供了值得信赖的原始资料。

多恩从天主教转为英国国教，多年来评论界有许多负面的猜测。我写多恩改宗论文的想法，始于7年前读多恩爱情诗的时候，诗中随处散发出的新教思想，让我对流行论点"多恩不得已转入新教"，甚至"叛教"产生了直觉的怀疑。及至开始阅读《沉思录》时，更加深了我对这个直觉的认可。因为多年来，学者们对多恩改宗的原因都是推测，我就十分渴望知道多恩本人对这个问题的看法，但在已经查看的研究结果中没有所获。直到有一天，我读美国著名的基督教作家杨腓力的《灵魂幸存者》一书时，有了突破性的发现：杨腓力(Philip Yancey)在《灵魂幸存者》中这样写道：当时的人为他"为了方便而改宗派窃窃私语，并嘲笑他其实是'希望成为威尼斯的大使，而不是上帝的大使'。但多恩认为那是一个真实的呼召"。既然多恩认为那是一个真实的呼召，多恩在哪本书中说过类似的话呢？如果能够知道多恩自己观点，那么，多恩为什么改宗就算比较清楚了，因为没有人比多恩更清楚其中的原因。

我在《沉思录》中仔细寻索着与多恩改宗的相关线索，渴望从多恩的"临终遗言"中有所发现。正是在《沉思录》第十四章的"自我勉励"中，多恩用自己的话提供了证言。他明确地告诉读者改宗的动机并不是"为了结识新朋友"之类的好处，他视之为自己生命中的一个进展，他继而提到圣经中的雅各。希望自己也能有一颗像他那样勇敢的心，赢得祝福。显然，虽然当时英国国教占了主流，但多恩离开天主教，选择了新教系统的英国国教，和利益无关。我想，多恩自己的声言，应当可以淡化"为了利益被迫改宗"的猜测。

比较文学的意义，多年来一直是评论家讨论的话题。将两位不同时代的人文巨匠放在一起研究，其价值在于通过对他们相同之处的认识，思考其中的内在一致性，奥古斯丁和多恩，在历史时空中的遥相呼应，是神哲领域在文学中的显映，也是不同领域间的彼此显映。这其中的内在承继，既有思辨方式的传承，又有生命意识的进深。同时，《沉思录》与其他两个文本的对比，也让我们发现文学作品在内在意识的传承上，的确存在着超越文体、超越性别、超越时代的内在一致性。

断断续续阅读多恩，迄今7年有余。本书中《沉思录》与其他文本的对比，以及多恩的其他研究，既有这些年的一些积累文字，也包含了新近的一些思索。一同收入本书，是对《沉思录》研究的补充，也是对自己多恩研究的一个阶段性总结。

在一个普遍浮躁的环境里，能在宁静的夜晚一盏橘色的灯下，品读这些坦率真诚的文字，一同经历他们心灵的动荡，感受来自遥远年代的智慧光束，不能不说是十分奢侈且令人感恩的事情。我结束书稿之时，正值春末夏初，阳光明媚。这本小书的完成，是我为亲爱的父亲和母亲在他们的节日里预备的礼物，我在他们时时刻刻慈爱的扶助下所取得的每一点进展，都成为来自上帝恩典的见证。父亲在此期间的谆谆教诲和母亲终日的操劳，让我能远离本应自己承担的家务而进入到安静的写作之中。也感谢远方的丈夫、妹妹和表姐不断给予的精神支持。我的爱女溪培和以诺也常常成为我心灵的力量。这些我身边聚集的浓浓之爱，告诉我幸福是何等真切，我所拥有的何其丰盛！

我所在的单位领导和朋友们多年一如既往的支持和真诚的帮助，也让我为此深深感恩，他们也是我努力的动力。这些年我深深体会到，个人的发展离不开国家社会单位的良好环境。最后，还要谢谢我书稿的策划孔令钢先生和责任编辑黄琼女士为这本书的出版付出的努力。

张　缨

2014年5月25于西安